Le BOULEDOGUE FRANÇAIS
PET BOOK CHIEN

Ouvrage collectif créé par Losange,
avec la collaboration de : Dr Jacques Mulin,
Claude Pacheteau

© Losange, 2015
© Éditions Artémis pour la présente édition

ISBN : 978-2-84416-255-7
N° d'éditeur : 84416
Dépôt légal : mai 2015

Achevé d'imprimer : janvier 2018
Imprimé en Pologne par Edica

Dr Jacques Mulin

Le BOULEDOGUE FRANÇAIS

PET BOOK CHIEN

SOMMAIRE

Généralités — 6-37

L'histoire du bouledogue français 10-15
Le standard du bouledogue français 16-33
Le caractère du bouledogue français 34-37

Bien vivre avec son bouledogue français — 38-93

L'éducation du bouledogue français 40-53
La santé et l'entretien du bouledogue français 54-73
L'alimentation du bouledogue français 74-81
Les papiers du bouledogue français 82-93

Pour aller plus loin — 94-135

Le club de race du bouledogue français 96-99
Les expositions canines 100-111
Les activités du bouledogue français 112-115
Trouver le bon éleveur 116-117
L'élevage du bouledogue français 120-135

Glossaire — 138

Adresses utiles — 141

Index — 142-143

GÉNÉRALITÉS

L'HISTOIRE du BOULEDOGUE FRANÇAIS

Tout le monde ne naît pas avec une petite cuillère en argent dans la bouche selon l'expression familière consacrée. Ce n'était pas le cas de notre bouledogue français (boule pour les intimes) dont le parcours est des plus surprenants. Des bas quartiers, avec tout de même de nobles tâches à son actif, il est passé aux plus beaux salons. Parcours exceptionnel pour un petit chien d'exception…

L'histoire du bouledogue français comporte des zones d'ombre et des incertitudes. Cela est fréquent dans l'histoire des races. Mais même si certaines thèses s'opposent, il est tout de même possible de remonter à ses origines. Sont-elles françaises ou anglaises ? Un peu des deux, mon capitaine ! En fait, pour schématiser, il est anglais par le bulldog anglais, les toy bulldogs anglais et les divers terriers dont il est issu (les deux premiers cités présentaient des oreilles en coquille ou en rose) mais de fabrication française, dirons-nous puisque c'est dans l'Hexagone, à force de croisements avec des chiens locaux, qu'il s'est façonné dans le temps, de la tête (avec oreilles droites) à la queue. Ce sont donc bien les Français, sans faire de chauvinisme exacerbé, qui ont fixé ses caractéristiques définitives.

Le bouledogue français descend d'un chien de type bulldog vivant en Angleterre au XIXe siècle. Il n'avait à l'époque rien à voir avec le bulldog anglais que nous connaissons de nos jours. Pour comparer et se faire une petite idée, il ressemblait plutôt en fait à un staffordshire bull terrier : chien trapu sans excès à la tête puissante,

Un chien né dans la capitale de la France

Le bouledogue français est la plus française de toutes les races, puisque née dans la capitale. Chien d'écurie au XIXe siècle, où il chassait les rats, il a su par sa personnalité monter les marches de la hiérarchie sociale pour devenir chien de compagnie dans les maisons bourgeoises et même aristocratiques. Le bouledogue français fut une race très prisée dans le premier tiers du XXe siècle, où l'élevage florissant produisit de magnifiques sujets. Beaucoup de ces sujets furent exportés vers l'étranger également conquis par la race. Cet engouement s'émoussa à partir de la Seconde Guerre mondiale, et ce n'est qu'à partir de 1995 que la race revint au-devant de la scène cynophile, grâce à la publicité faite par les médias.

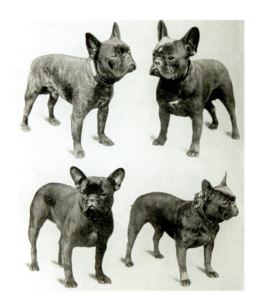

au stop bien marqué, au chanfrein assez court et à la mâchoire large.

Cette morphologie de la face lui permettait de pouvoir respirer sans lâcher sa prise. Chien de combat, ou chien de garde, il était effectivement redoutable. Certains passionnés de notre bon boule – car son caractère est fortement « redescendu » depuis grâce à sa sélection et son utilisation n'est plus celle d'autrefois, fort heureusement –, n'apprécient pas toujours que l'on rappelle ce passé de combattant. On ne peut pourtant le nier ni en faire l'impasse. Cela ne joue nullement en sa défaveur, car le bouledogue français est aujourd'hui un agréable chien de compagnie qui n'a rien à voir avec les molosses décriés par certains médias ou ceux visés par la loi de janvier 1999 sur les chiens dits dangereux. Mais c'est tout de même, dans sa conformation, un molosse de petit format, même si le groupe auquel il appartient est le neuvième, celui dit des chiens d'agrément et de compagnie. C'est peut-être son côté molosse de poche qui plaît aussi chez lui, nous y reviendrons.

La miniaturisation de ces chiens de type bulldog, pour un entretien plus simple et moins onéreux, fut entreprise avec certainement l'apport de sang de chiens de type terrier, toy terrier et black and tan. On obtint alors un chien toujours de même type mais beaucoup plus petit, communément appelé toy bulldog, un chien de moins de 10 kg, mais gardant la vivacité et la pugnacité de ses ascendants. Une taille plus petite a également permis de continuer à organiser de façon clandestine des combats, dans des arrière-cours ou des lieux excentrés de la ville. On passe davantage inaperçu avec un chien de petite taille qu'avec un ours, un des adversaires utilisés lors de ces combats !

Les combats avec d'autres animaux étant interdits par le Parlement britannique au début du XIXe siècle, on l'employa pour la garde et surtout pour la dératisation. Ce type de chien arriva dans le nord de la France accompagnant ses maîtres venus chercher du travail. La crise économique que traverse alors l'Angleterre a contraint de nombreux ouvriers à émigrer vers le reste de l'Europe, et notamment la France.

Montrant ce qu'il savait faire, il fut immédiatement adopté par le corps des métiers qui avaient à faire aux rats, bouchers du quartier des Halles, fermiers, cochers… car à Paris, dans la seconde moitié du XIXe siècle, le rat était roi !

De nombreuses fermes existaient dans les murs de Paris, de nombreuses écuries pour les chevaux employés au transport des hommes comme des marchandises. Les rues étaient sales, certaines maisons étaient insalubres, l'hygiène n'était pas encore un souci pour les hommes. Bref, Paris était le royaume du rat. Seul un chien ratier avec une grande vivacité pouvait détrôner ce nuisible. Le libérateur de Paris fut donc ce

de chiens, M. Jacquelin, marchand de fromage, associé à M. Ruffier, aubergiste (élevage de La Mare) et d'autres personnes dont les métiers tournaient autour du quartier de La Villette (cochers, porteurs dans les halles, marchands de vin, de chausse). Ils ont dû voir arriver ces chiens utilisés pour la dératisation et, de par chien d'origine anglaise qui en quelques dizaines années et avec des croisements avec d'autres races locales, devint notre bouledogue français. Il était essentiellement un chien d'utilité.

Des cynophiles comme Charles Roger ont bien vite compris que ce chien merveilleux dans le combat de dératisation, l'était tout autant dans son caractère. L'élevage alors mené par quelques amateurs éclairés commença. Il y avait une certaine émulation entre ces passionnés. Ils se réunissaient dans les cafés, parlaient de leur race de prédilection… ce sont vraiment des gens qui ont voulu faire une race commune. Les éleveurs les plus connus se nommaient M. Albouis, cafetier (affixe de Saint Sevrein), M. Clément, vendeur

BOSTON TERRIER : IL LUI RESSEMBLE !

Le boston terrier a des faux airs de bouledogue français. C'est normal : il semblerait qu'un apport de sang de bouledogue français soit intervenu lors de la création de cette race américaine. Ce sont tous deux des molosses de petit format et le néophyte peut facilement les confondre. Il y a pourtant des points qui ne trompent pas et qui permettent de les différencier d'un simple coup d'œil. Les oreilles, tout d'abord : ils ont certes tous deux des oreilles dressées, mais celles du boule sont arrondies à leur extrémité alors que celles du boston sont davantage pointues. Tant que cela est permis, elles peuvent être taillées chez le boston pour être en harmonie avec la forme de la tête. La queue ensuite : celle du bouledogue français est naturellement courte, nouée ou cassée, effilée à l'extrémité et portée basse (le standard accepte tout de même une queue relativement longue même si elle n'est pas recherchée) ; celle du boston est courte, fine, allant en s'amenuisant vers son extrémité, droite ou en tire bouchon et attachée bas. Enfin, il faut se souvenir que le bouledogue français peut être plus lourd que le boston dont le poids se scinde en trois catégories : moins de 6,8 kg, de 6,8 à 9 kg et de 9 à 11,35 kg.
On pourrait évoquer aussi le bulldog anglais dans la lignée des chiens qui nous font penser à notre boule. Mais là, pas de confusion possible entre les deux, même si ce dernier compte parmi ses ancêtres.

son caractère particulier, ils ont senti qu'il était possible d'en faire une race particulière ; le côté utilitaire est passé au second plan.

Paris étant une ville très cosmopolite, des amateurs américains, allemands, autrichiens en tombèrent amoureux, les achetèrent parfois très cher pour les importer dans leurs pays. Cela a certainement incité encore davantage les amateurs français à se lancer dans cette race. Il y a eu un effet de surenchère. Un chien pouvait se vendre jusqu'à 3 000 francs de l'époque, somme élevée si on la replace dans le contexte. D'emblée, il y a eu des amateurs et il est devenu à la mode partout de par le monde. À la différence de maintenant, seuls les gens ayant de l'argent pouvait s'acheter ce chien. Paris, puis bientôt New York, Berlin, Vienne… tout le beau monde des années 1900 désirait ce chien très parisien aux oreilles dressées de chauve-souris. M. Hartenstein, habitant Berlin, était un grand amateur de chiens, en particuliers des westies qu'ils avaient importés en Allemagne, dans les années 1910, a par exemple acheté des champions comme Loto produit par M. Dagorne de Paris, Loubet acheté à M. Usse de Paris également, Zizi à M. Laville (Paris) et Domino acheté à M. Galmiche (Paris). D'autres Allemands, comme Mme Muller, sont venus en France chercher des chiens ; l'élevage devait être intéressant pour que les étrangers s'y intéressent de la sorte. C'est incroyable comme il a pu y avoir d'exportations à l'époque. Les artistes de tous les arts, les bourgeois, les aristocrates le prirent comme compagnon, sinon comme

ami. Puis ce fut la guerre de 1914-1918, qui a mis un frein à l'élevage et le déclin de la race s'amorça. Sa grande époque, ce sont les années 1900-1920. L'élevage est reparti après la guerre d'une façon modérée mais il n'a pas retrouvé les amateurs qui lui convenaient et l'attrait pour la race s'est émoussé. La Seconde Guerre mondiale

---

Les plus beaux mots de Colette

« Te voilà ! Enfin, enfin ! Je m'ennuie tant sans toi ! Si tu veux m'emmener, toujours, partout… je te suivrai, heureux, mon nez fervent au ras de ta jupe courte… » Ainsi Colette faisait-elle parler Toby-Chien, son bouledogue français. Elle a écrit de très belles choses au sujet de sa race de cœur comme, entre autres : « Le bouledogue n'aime, au sens pur, total du mot, qu'une seule race, la nôtre » ou bien encore « J'ai quatre chiens et un bouledogue », pour souligner à quel point le bouledogue français est un chien hors du commun.

Inscriptions provisoires au LOF (naissances)

Année	Nombre d'inscriptions
2000	1 600
2001	1 718
2002	2 440
2003	2 992
2004	3 168
2005	3 670
2006	3 773
2007	4 286
2008	5 320
2009	5 244
2010	5 977
2011	6 085
2012	6 189
2013	6 504

Il aura fallu attendre quelque 80 années pour son renouveau, pour voir l'élevage repartir. À partir de 1995, les visionnaires de la publicité ont compris l'impact que pouvait avoir le bouledogue français, un chien nouveau qui ne pouvait qu'interpeller le client. Raymond, ce bouledogue caille au regard espiègle de la télévision, a réveillé la race. Et depuis, une demande toujours croissante de chiots a permis à l'élevage français de redémarrer. Posséder un bouledogue permettait de se démarquer par rapport aux autres, de trouver une identité par rapport à son chien. Le boule a séduit un public jeune alors qu'il attirait auparavant davantage des personnes plus âgées, posées.

La cote du bouledogue français n'a fait que progresser ces dernières années (+ 22 % entre 2003 et 2002 avec respectivement 2 992 et 2 440 inscriptions au Livre des origines français, voir tableau ci-contre).

Il ne fait aucun doute que le boule s'inscrit dans la liste des chiens préférés des Français. Mais à côté de cela, combien de chiens de type bouledogue français ou d'apparence ? C'est la nébuleuse. Si le public l'apprécie, il est aussi devenu la « proie » des animaleries et des marchands de chiens sans scrupules. Si les futurs acquéreurs avaient dû attendre une portée comme se fut après 1925, ils seraient certainement passés à une autre race.

C'est la rançon de la gloire. Pour ne pas la payer et en faire les frais, les futurs acquéreurs devront vraiment redoubler de vigilance lors de son acquisition.

marquera le déclin effectif de la race. À compter de 1925, l'élevage a été mis au « repos » ; les effectifs étaient très limités et seuls quelques petits éleveurs faisaient des portées. Il y avait bien une demande, mais elle n'était pas celle que nous connaissons de nos jours, loin de là. Les chiots n'étaient pas toujours faciles à placer. A contrario, ceux qui voulaient un bouledogue français à un moment donné devaient parfois patienter qu'une portée naisse, il n'y avait pas de continuité dans la production.

Des stars et des personnalités l'ont adopté

Un chien ne devient pas meilleur qu'un autre dès lors qu'il se retrouve dans les bras d'une personnalité et donc sous les feux de la rampe. C'est même parfois l'effet inverse qui se produit, car une telle notoriété peut nuire à une race. On ne connaît que trop les inconvénients de l'effet de mode. Notre boule n'a pas échappé à ce phénomène et si l'on cite volontiers Colette, dans le parterre de ses admirateurs célèbres, elle n'est pas la seule : Mistinguett, Toulouse-Lautrec, Jean Cocteau, MacOrlan, Joséphine Baker, Yves Saint Laurent, Coluche, Danièle Darrieux, Patrick Timsit, Jean Alesi, ou encore Jane Birkin l'ont choisi pour vivre à leurs côtés.

Les groupes de races de chiens

Les races de chiens sont réparties en dix groupes, et leur appellation permet de connaître la fonction à laquelle ils se destinent, quelquefois nous renseignent sur leur morphologie ou leur type. Le bouledogue français appartient au neuvième groupe. C'est donc très clair : il s'agit d'un chien de compagnie.

Les dix groupes sont les suivants :
- **Groupe 1 :** chiens de berger et de bouvier (sauf chiens de bouviers suisses)
- **Groupe 2 :** chiens de type pinscher et schnauzer, molossoïdes, chiens de bouviers suisses
- **Groupe 3 :** terriers
- **Groupe 4 :** teckels
- **Groupe 5 :** chiens de type spitz et de type primitif
- **Groupe 6 :** chiens courants et chiens de recherche au sang
- **Groupe 7 :** chiens d'arrêt
- **Groupe 8 :** chiens leveurs de gibier, rapporteurs et chiens d'eau
- **Groupe 9 :** chiens d'agrément ou de compagnie
- **Groupe 10 :** lévriers

LE STANDARD du BOULEDOGUE FRANÇAIS

En langage cynophile, le standard est la description idéale du chien pour une race donnée, si tant est qu'un chien aussi parfait puisse exister. Il est établi et révisé périodiquement par le club de race du pays d'origine.

Qu'est-ce qu'un standard ?

Le standard est une référence. Il s'agit d'un texte officiel qui est édité par le club de race et que la FCI (Fédération cynologique Internationale), chapeautant les sociétés canines qui lui sont affiliées (80 au total à travers le monde), doit valider et approuver. Ce texte sera ensuite traduit dans les langues des différents pays où il sera diffusé.

Chaque race dispose donc de son propre standard dès lors qu'elle est reconnue par la FCI. Ce document décrit ce à quoi doit tendre le chien idéal. Diverses indications sont données quant à sa morphologie, son aspect physique. Généralement, on trouve également un bref aperçu historique de la race et les grandes lignes de son caractère. Les défauts rendant impropre la race en vue de la confirmation, ou bien tout simplement pour qu'un chien soit considéré comme appartenant à la race, sont listés.

Le chien parfait, celui répondant en tout point à ceux listés par son standard existe-t-il ? Non, mais nombreux sont ceux qui s'en approchent et c'est ce qui fait la qualité d'un cheptel, que ce soit en France ou ailleurs.

Pour le néophyte, le texte d'un standard peut sembler très précis, trop même parfois. La marge de manœuvre permettant aux juges qui s'y réfèrent pour donner leur point de vue sur un chien existe tout de même.

Un standard peut être amené à évoluer dans le temps. Taille, poids, couleur de robe, pour ne citer que ces exemples, peuvent connaître des changements, des « aménagements ». En tout cas, en ce qui concerne notre bouledogue, nous pouvons dire qu'il compte certainement parmi les races dont le standard a le plus évolué puisqu'il a été modifié en 1887, puis en 1931, 1932, 1948, et a été reformulé en 1986 et 1994 ! Ce sont davantage des précisions qui ont été apportées plus que des remaniements ; le fond est toujours le même. Quand on voit certaines photos des chiens de 1900-1910, on peut dire qu'ils ne sont pas différents de ceux que nous connaissons de nos jours, quand ce n'est pas plus jolis, plus typés, au prognathisme davantage marqué.

Vous trouverez ci-dessous le texte officiel du dernier standard en vigueur puis, à la suite, les commentaires portant sur certains points de ce standard. Cela vous permettra de comprendre comment le standard du bouledogue français a évolué et vers quelles dérives (on parle généralement de surtype dans le jargon cynophile), il ne faut surtout pas tendre.

Aspect général

Typiquement un molossoïde de petit format. Chien puissant dans sa petite taille, bréviligne, ramassé dans toutes ses proportions, à poil ras, à face courte et camuse, aux oreilles droites, ayant une queue naturellement courte. Il doit avoir l'apparence d'un animal actif, intelligent, très musclé, d'une structure compacte et d'une solide ossature.

Comportement – caractère

Sociable, gai, joueur, sportif, éveillé. Particulièrement affectueux avec ses maîtres et les enfants.

Tête

La tête doit être très forte, large et carrée, la peau la recouvrant en formant des plis et des rides presque symétriques. La tête du bouledogue est caractérisée par un retrait du massif maxillo-nasal, le crâne ayant pris en largeur ce qu'il a perdu en longueur.

• *Région crânienne*
Crâne : large, presque plat, le front très bombé. Arcades sourcilières proéminentes, séparées par un sillon particulièrement développé entre les yeux. Le sillon ne doit pas se prolonger sur le front. Crête occipitale très peu développée.
Stop : profondément accentué.

LE STANDARD DU BOULEDOGUE FRANÇAIS

Standard FCI n° 101/06.04.1998/F
Origine : France.
Date de publication du standard d'origine en vigueur : 28.04.1995.
Utilisation : Chien de compagnie, de garde et d'agrément.
Classification FCI : Groupe 9 chiens d'agrément et de compagnie.
Section 11 Molossoïdes de petit format.
Sans épreuve de travail.

• ***Région faciale***
Truffe : large, très courte, retroussée, les narines bien ouvertes et symétriques, dirigées obliquement vers l'arrière. L'inclinaison des narines ainsi que le nez retroussé (dit «remouché») doivent toutefois permettre une respiration nasale normale.
Chanfrein : très court, large, présentant des plis concentriquement symétriques descendant sur les lèvres supérieures (longueur 1/6 degré de la longueur totale de la tête).
Lèvres : épaisses, un peu lâches et noires. La lèvre supérieure rejoint l'inférieure en son milieu et cache complètement les dents qui ne doivent jamais être visibles. Le profil de la lèvre supérieure est descendant et arrondi. La langue ne doit jamais être apparente.
Mâchoires : larges, carrées, puissantes. La mâchoire inférieure décrit une courbe large, aboutissant en avant de la mâchoire supérieure. La bouche étant fermée, la proéminence de la mâchoire inférieure (prognathisme) est modérée par l'incurvation des branches du maxillaire inférieur. Cette incurvation est nécessaire pour éviter un décalage trop important de la mâchoire inférieure.
Dents : les incisives inférieures ne sont en aucun cas en arrière des incisives supérieures. L'arcade incisive inférieure est arrondie. Les mâchoires ne doivent pas présenter de déviation latérale ni de torsion.
Le décalage des arcades incisives ne saurait être strictement délimité, la condition essentielle restant que la lèvre du haut et celle du bas se rejoignent pour cacher complètement les dents.
Joues : les muscles des joues sont bien développés, mais non en saillie.
Yeux : à l'expression éveillée, placés bas, assez loin de la truffe et surtout des oreilles, de couleur foncée, assez grands, bien ronds, légèrement en saillie et ne laissant voir aucune trace de blanc (sclérotique) quand l'animal regarde de face. Le bord des paupières doit être noir.
Oreilles : de grandeur moyenne, larges à la base et arrondies au sommet. Placées haut sur la tête, mais pas trop près l'une de l'autre, portées droites. Le pavillon est ouvert vers l'avant. La peau doit être fine et douce au toucher

Cou : encolure courte, légèrement incurvée, sans fanon.

Corps
Ligne du dessus : la ligne du dessus se relève progressivement au niveau du rein pour descendre rapidement vers la queue. Cette forme qui doit être très recherchée a pour cause le rein court.
Dos : large et musclé.
Rein : court et large.
Croupe : oblique.
Poitrine : cylindrique et bien descendue, côtes dites en tonneau, très arrondies
Poitrail : largement ouvert.
Ventre et flancs : relevés sans être levrettés.
Queue : courte, attachée bas sur la croupe, collée sur les fesses, épaisse à la base, nouée ou cassée naturellement et effilée à l'extrémité. Même en action, elle doit rester au-dessous de l'horizontale.
La queue relativement longue (ne dépassant pas la pointe du jarret), cassée et effilée, est admise, mais elle n'est pas recherchée.

Membres antérieurs : aplombs réguliers vus de profil et de devant.
Épaules : courtes, épaisses, offrant une musculature ferme et apparente.
Bras : court.
Coude : strictement collé au corps.
Avant-bras : courts, bien séparés, rectilignes et musclés.
Carpe et métacarpe : solides et courts.
Membres postérieurs : les membres postérieurs sont forts et musclés, un peu plus longs que les membres antérieurs, élevant ainsi l'arrière-main. Les aplombs sont réguliers vus de profil et de derrière.
Cuisse : musclée, ferme, sans être trop arrondie.
Jarret : assez descendu, ni trop angulé ni surtout trop droit.
Métatarse : solide et court. Le bouledogue doit naître sans ergots

Pieds : les pieds antérieurs sont ronds, de petite dimension, dits «pieds de chat», bien posés sur le sol, tournés légèrement en dehors. Les doigts sont bien compacts, les ongles courts, gros et bien séparés. Les coussinets sont durs, épais et noirs. Chez les sujets bringés les ongles doivent être noirs. Chez les « caille » et les fauves la préférence ira aux ongles foncés, sans toutefois pénaliser les ongles clairs.

Les pieds postérieurs sont bien compacts.
Allures : allures dégagées, les membres se déplaçant parallèlement au plan médian du corps.

Robe
Poil : Beau poil ras, serré, brillant et doux.

Couleur
– Uniformément colorée fauve, bringée ou non, ou à panachure limitée.

– Fauve bringée ou non, à panachure moyenne ou envahissante.

Toutes les nuances du fauve sont admises, du rouge au café au lait.

Les chiens entièrement blancs sont classés dans les « fauve bringé à panachure blanche envahissante ». Lorsqu'un chien présentera une truffe très foncée, des yeux sombres entourés de paupières foncées, certaines dépigmentations de la face pourront être exceptionnellement tolérées chez de très beaux sujets.

Taille et poids

Le poids ne doit pas être inférieur à 8 kg ni supérieur à 14 kg, pour un bouledogue en bon état, la taille étant proportionnée au poids.

 Défauts

Tout écart par rapport à ce qui précède doit être considéré comme un défaut qui sera pénalisé en fonction de sa gravité.

– Nez serré ou pincé et ronfleurs chroniques.
– Lèvres non jointives à l'avant.
– Dépigmentation des lèvres.
– Yeux clairs.
– Fanon.
– Queue relevée ou trop longue ou anormalement courte.
– Coudes décollés.
– Jarret droit ou placé vers l'avant.
– Allures incorrectes.
– Poil trop long.
– Robe mouchetée.

Défauts graves

– Incisives visibles, la bouche étant fermée.
– Langue apparente, la bouche étant fermée.
– Chien « battant du tambour » (mouvement raide des antérieurs).
– Taches de ladre à la face, sauf dans le cas des fauves bringés à panachure blanche moyenne (caille) et des fauves à panachure limitée ou envahissante (fauves).
– Poids excessif ou insuffisant.

Défauts éliminatoires
- Truffe de couleur autre que le noir.
- Bec de lièvre.
- Chiens dont les incisives inférieures s'articulent en arrière des incisives supérieures.
- Chiens dont les canines sont visibles de façon permanente, la bouche étant fermée.
- Yeux hétérochromes.
- Oreilles non portées droites.
- Mutilation des oreilles, de la queue ou des ergots.
- Chien anoure.
- Ergots aux postérieurs.
- Robe de couleur noir et feu, gris souris, marron.

N. B. : Les mâles doivent avoir deux testicules d'aspect normal complètement descendus dans le scrotum.

❦ Commentaires du standard

Profil de tête

Pour bien comprendre l'équilibre de la face du bouledogue, il faut savoir que dans le profil de tête il y a trois points essentiels, placés sur une ligne oblique inclinée à 60 degrés environ : le front bombé avec un sillon médian ne se prolongeant pas sur le crâne, la truffe remouchée vers l'arrière et le menton qui doit être présent donnant à notre bouledogue un aspect parfois simiesque. Ce menton est le résultat d'un bon prognathisme et d'une excellente mâchoire inférieure incurvée qui remonte bien devant la mâchoire supérieure. Pour savoir si la mâchoire est bonne, rien de plus simple : vous soulevez les lèvres et si vous ne voyez que les dents du bas cachant complètement les dents du haut, vous avez alors un chien aux bonnes mâchoires.

Les oreilles

C'est bien là, la description des oreilles de chauve-souris, et elles sont caractéristiques de la race. Ce terme n'est plus employé dans le standard et c'est dommage, car le standard perd de sa spécificité. Il faut rappeler que les oreilles ne doivent pas être trop petites et surtout portées

Il y a une dizaine d'années, le port de telles oreilles n'était pas toujours très franc, avec une inclinaison trop prononcée sur le côté et on a pu constater comme par miracle, avec l'apport de sang étranger, les oreilles devenir plus courtes, plus arrondies, attachées plus haut sur le crâne et surtout portées presque verticalement. Est-ce un apport de sang carlin ? On ne peut l'affirmer mais comme par hasard cela coïncide avec l'accroissement du nombre de chiots fauves issus de reproducteurs censés ne donner que des chiots bringés. On peut dire qu'on a résolu le défaut de port d'oreilles en acceptant des défauts dans la dimension et dans l'implantation des oreilles.

Le corps

Le corps ne doit pas être doit être trop court afin que la ligne de dos s'exprime normalement avec cette forme de dos carpé (à ne pas confondre avec un dos voussé). Il est à rappeler que la poitrine doit être bien en tonneau, profonde, bien large, à la côte bien ronde afin que la cavité thoracique soit la plus grande possible, pour que les poumons prennent bien une place ample, évitant ainsi les difficultés respiratoires.

La ligne de dos

La ligne de dos, ou ligne supérieure du corps n'est pas rectiligne mais légèrement sinueuse, définie par deux points : le garrot, point le plus bas et la jonction lombosacrée, point le plus haut. Cette ligne part du garrot, monte progressivement vers le rein s'infléchit à partir du sacrum et redescend obliquement par la croupe jusqu'à la queue, ayant une implantation basse de ce fait. Cette ligne est souple comme une vague et surtout sans à-coups. Dans un dos trop court, cette sinuosité ne peut pas s'exprimer.

Cette conformation de ligne de dos est difficile à obtenir car elle nécessite la juxtaposition de vertèbres bien formées et bien placées. À exclure le dos arqué montrant un net ressaut au niveau des dernières vertèbres thoraciques, et encore plus le dos de chameau, révélant à l'extérieur des malformations vertébrales. Cette forme de vague est appelée *roach back* (littéralement dos de gardon) en souvenir du bulldog anglais dans les

trop à la verticale. Un vrai port d'oreilles est un port à 11 h 05 et non pas à midi ni à 10 h 10 ! Rappelons aussi que les oreilles ne doivent pas être trop courtes.

À l'origine les oreilles étaient tombantes ou relevées en forme de coquille ou de rose. Vers 1900, il y eut de véritables batailles pour savoir si le bouledogue devait avoir des oreilles dressées, inconvenantes pour certains et si merveilleuses pour d'autres, ou des oreilles tombantes.

Malgré les Anglais, les oreilles droites, non coupées, furent les seules reconnues vers 1910.

pays anglo-saxons, *Karpfenrücken* (dos de carpe) dans les pays germanophones. Le standard étant français, il est bon de dire « dos de carpe ».

La queue

La queue est là encore une caractéristique de la race. Naturellement courte elle n'est jamais écourtée, naturellement nouée ou cassée. Elle est courte, non pas par la diminution du nombre des vertèbres caudales, comme beaucoup le pensent, mais par l'atrophie de la queue entière. Avec une radiographie, il est facile de visualiser 15 à 20 vertèbres caudales miniaturisées soudées complètement les unes aux autres, certaines en forme de triangle responsables des coudures pouvant se faire aussi bien dans un plan horizontal que dans un plan vertical. On voit de plus en plus de chiens à la queue absente ou « vestigiale », risquant d'amener l'anourie (naissance sans queue), éliminatoire pour la confirmation, mais surtout pouvant entraîner des problèmes de non fermeture du canal rachidien. Il est fondamental de rechercher des reproducteurs avec une queue afin que l'anourie soit évitée.

La taille

Dans le standard de la race, aucune directive sur la taille n'est donnée, sinon que le bouledogue français doit peser de 8 à 14 kg et qu'il doit être ramassé dans toutes ses proportions.

Mais que penser du poids du chien, si on considère que dans la même race, un chien peut être deux fois plus gros qu'un autre ? La répartition de ces kilos ne se fera pas de la même façon si le chien est long ou court, haut ou bas. C'est là que le mot ramassé prend toute sa signification. Quand on dit ramassé on ne parle pas de chien inscrit dans un carré, et on ne dit surtout pas que le chien est cob car le corps du chien serait alors trop court et nous serions dans le surtype. Ce raccourcissement obtenu se ferait au détriment de bonnes proportions de la poitrine et de la région lombaire. Chien trop court ou trop près du sol et nous sommes vite dans le surtype responsable de sérieux problèmes de santé.

La tête du bouledogue français est une tête de brachycéphale, inscriptible dans un carré que caractérise le retrait du maxillaire supérieur par rapport au maxillaire inférieur. Le crâne large, sans rides, est encadré de ces belles oreilles qui font la fierté du bouledogue. Attachées sur le côté du crâne, elles sont de grandeur moyenne, larges à la base, arrondies, portées légèrement vers l'extérieur.

La couleur de robe

Jusqu'en 1995, seule la robe fauve bringée avec ou sans panachure blanche était reconnue. Les fauves bringés sans panachure ou avec une panachure très limitée étaient appelés bouledogues bringés et les fauves bringés à panachure moyenne ou envahissante étaient appelés bouledogues cailles. La robe pouvait aller du bringé jusqu'au blanc intégral. Beaucoup pensent qu'une robe est peu bringée quand il n'y a que quelques mèches claires sur un fond noir. Erreur, c'est le contraire, une robe est dite peu bringée quand il n'y a que quelques stries noires sur un fond de robe fauve. Les robes complètement noires n'étaient alors pas confirmables, et cela était normal, car il ne faut pas confondre une robe très bringée avec une robe noire car en

DÉFAUTS DE PROFIL DE LA TÊTE

Front fuyant.

Chien grignard.

Nez descendant, profil de tête trop convexe.

Tête de pomme, front trop bombé.

Chien bégu.

génétique ce ne sont pas les mêmes gènes. Le gène noir est différent du gène fauve bringé, non seulement pour la couleur mais également pour l'éclat du poil. En effet le chien noir à un poil beaucoup plus lustré, plus étincelant que le chien fauve très bringé. Le gène noir est dominant par rapport au gène fauve bringé, et les éleveurs savent qu'il est difficile de le faire disparaître.

Le standard de 1995 reconnaît que la robe fauve et la robe noire ne sont plus un défaut éliminatoire. Dans les portées apparaissaient parfois des chiots fauves. Obligatoirement les deux géniteurs en question étaient porteurs du gène fauve seul. Bien sûr, ce gène fauve pouvait se cacher depuis des générations dans la population locale française, mais il était le plus souvent amené par le sang étranger des pays anglo-saxons, où la robe fauve était acceptée, que les Hollandais et les pays nordiques utilisaient dans leurs croisements.

L'apport de sang carlin a certainement contribué à l'accentuation de l'apparition de la robe fauve, pour le penser il suffit de remarquer le dessin sous-jacent des rides sur le crâne. Le gène fauve est en fait un gène fauve charbonné, où la charbonnure disparaît aux extrémités. La base du poil est fauve et l'extrémité noire. Chez le bouledogue, le noir doit disparaître est seul reste le fauve allant du beige jusqu'au rouge. Certains fauves présentent encore de la charbonnure sur les poils de la queue les poils des oreilles et même parfois sur la ligne du dos. Bien sûr, les charbonnures ne sont pas recherchées.

Lorsqu'il y a panachure de blanc, même s'il y a encore des poils noirs, il ne faut surtout pas dire que le chien est tricolore. La robe de base fauve ou fauve bringé peut être plus ou moins panachée de blanc. La robe fauve bringée envahie de blanc est appelée robe bringée et blanche ou caille et la robe fauve envahie de blanc est appelée robe fauve et blanche. Attention, il ne faut surtout pas dire caille fauve, car le mot caille désigne une couleur de robe bien définie, employée dans la race bovine normande. Ce terme désigne une juxtaposition de poils fauves et noirs intimement mélangés en plaques sur un fond blanc, et non pas le fait qu'il y ait présence

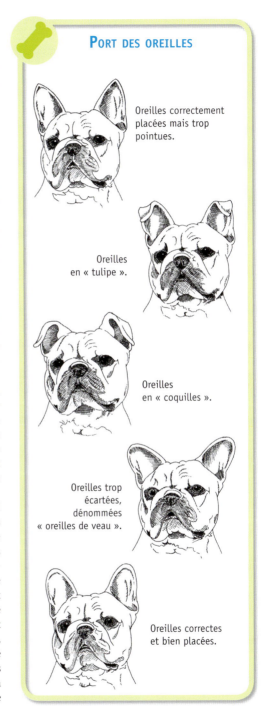

Port des oreilles

Oreilles correctement placées mais trop pointues.

Oreilles en « tulipe ».

Oreilles en « coquilles ».

Oreilles trop écartées, dénommées « oreilles de veau ».

Oreilles correctes et bien placées.

LIGNE DU DOS

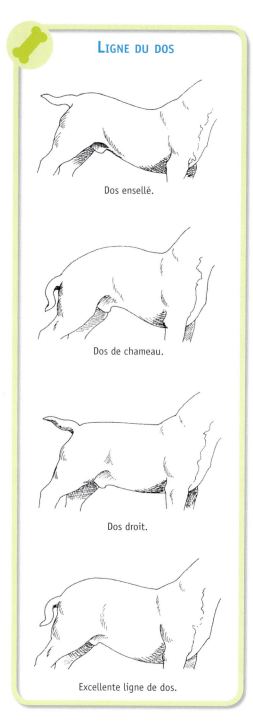

Dos ensellé.

Dos de chameau.

Dos droit.

Excellente ligne de dos.

de blanc sur un fond de robe de couleur. La robe fauve est venue de façon insidieuse et actuellement un autre danger guette la robe du bouledogue français. C'est le gène de dilution. Dans le génotype du bouledogue, n'existe pas le gène de dilution. C'est çà dire que le poil est soit noir, soit fauve. Quand intervient le gène de dilution qui est récessif la couleur noire devient bleue est la couleur fauve devient crème. Ce gène est accepté, et malheureusement prisé, par les Américains, et il est courant de voir des bouledogues crème dans leur pays.

Mais ce gène récessif par les importations vient en Europe et donne des robes crème et des robes sable bringées de bleu que l'on nomme couramment bleues du fait d'une bringeure prononcée. Comme pour tout gène récessif, les deux géniteurs doivent en être porteurs et c'est seulement en deuxième génération que peut ressortir cette mauvaise couleur. Déjà en France, comme dans d'autres pays, une telle couleur est apparue et cela ne semble pas préoccuper outre mesure les défenseurs de la race.

POSITION DE LA QUEUE

Queue gaie attachée trop haute.
Conséquence d'un mauvais dos.

Queue de « rat », bien attachée bas,
mais trop longue.

Queue parfaite, nouée en virgule,
attachée bas.

Les membres antérieurs

 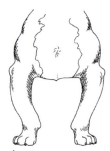 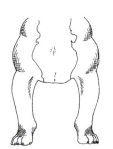 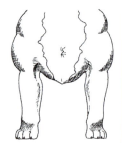

Aplombs manquant de substance et d'os.

Épaules trop écartées, jambes arquées, canons faibles en dehors, pieds en dehors, manque d'épaule et de poitrine.

Bonne largeur mais manque de profondeur, aplombs insuffisants.

Parfaite formation d'épaule, de poitrine et d'aplombs.

« Pattes de canard ».

Mauvaise direction des pieds et des chevilles.

Pieds de lièvre.

Pieds parfaits.

 ## Les membres postérieurs

Mauvaise conformation des jarrets clos, dits « de vache ».

Jarrets en dehors, ou « pattes de canard ».

Jarrets corrects, bons aplombs.

Jarrets faibles et cuisses trop développées.

Jarrets droits. Mauvaise conformation des jarrets clos, dits « de vache ».

Bons aplombs.

LE CARACTÈRE du BOULEDOGUE FRANÇAIS

Les maîtres, et principalement les néophytes, ont parfois vite fait de faire l'amalgame entre la taille d'un chien et son supposé caractère. Petit = gentil : certes, cette équation contient une part de vérité, mais même si le bouledogue français est un adorable chien de compagnie, il ne manque pas de tempérament et ne saurait en tout cas, pour devenir un compagnon loyal et fiable, se passer d'une socialisation puis d'une éducation prodiguée dans les normes.

❖ Affectueux mais possessif

Un bouledogue digne de ce nom ne décevra jamais le maître qui le respectera et lui accordera l'attention nécessaire. Le boule, comme l'appellent familièrement ses « adeptes », est un chien particulièrement affectueux sans pour autant être pot de colle. Bien entendu, il recherche la présence de son maître et se délecte de pouvoir s'installer à ses côtés dans le salon, par exemple, alors que celui-ci regarde la télé, lit ou vaque à toute autre occupation. Mais il ne sera pas constamment dans ses « jambes ».

Le bouledogue français voue une certaine admiration à son propriétaire et pour son entourage proche. Parfois même un peu trop puisque

Avec les autres animaux

Avec les autres animaux, le bouledogue français entretient des rapports cordiaux. Il peut tout à fait cohabiter avec un chat ou un oiseau. Cela sera d'autant plus facile qu'il y aura été habitué dès son plus jeune âge. Avec ses congénères, on peut par contre remarquer parfois quelques difficultés relationnelles, entre mâles principalement. Mais là encore, rien ne permet de généraliser.

l'on note chez lui une certaine propension à vouloir l'exclusivité. Il serait vite un brin jaloux.

Le copain des enfants...

Avec les enfants ? Il n'y a aucun problème. Ils se trouveront bien, ceux-là ! Il est aussi joueur, malin, prêt à la première bêtise, qu'eux. Il les suivra sans peine dans de longues parties de jeu. Son seul problème, c'est qu'il ne sait pas vraiment s'arrêter et il faut alors qu'un adulte sache y mettre un terme, car il est capable de faire le fou jusqu'à l'épuisement. Tout comme on ne laisse jamais un enfant seul avec un chien sans surveillance (quelle que soit sa race), les propriétaires d'un bouledogue français, et parents, devront veiller et notamment apprendre à leurs enfants à le respecter... et vice versa.

... et des cambrioleurs !

Il n'est pas agressif. Ce n'est pas non plus un gardien. Tout d'abord, il n'est vraiment pas du genre aboyeur à tout va. De l'aveu de certains maîtres, ils se sont même demandés s'il n'avait pas à un moment affaire à un chien muet ! Certainement avaient-ils déjà oublié les pleurs et les petits aboiements de leur boule lors des premières nuits, lorsqu'il est arrivé dans son nouveau foyer ! Un mauvais souvenir que la vie aux côtés de ce petit chien pétillant, drôle et tendre leur a fait vite oublier. Ensuite, lorsqu'il fonce vers un inconnu, c'est plus souvent pour faire la fête qu'autre chose. Cela n'empêche que certains bouledogues français savent tenir parfaitement leur rôle d'avertisseur lorsqu'un événement anormal se passe ou qu'ils repèrent la présence d'un intrus. Tout est là aussi question d'éducation et ne pas l'encourager dans certaines attitudes.

Mâle ou femelle ?

Certains futurs maîtres sont bien décidés sur le sexe de leur futur compagnon dès le départ. Les femelles ont tendance, dans l'espèce canine, à être plus douces, plus malléables. Mais mâle comme femelle, chacun a ses avantages et ses inconvénients. Une femelle non stérilisée présente deux fois par an ses chaleurs ; le mâle peut, pour sa part, repérer une chienne en chaleur à plusieurs kilomètres à la ronde et donc se faire la belle... Reste que la castration ou la stérilisation, des solutions si on ne souhaite pas assurer une descendance à son chien. Il n'est pas obligé de faire faire des petits à une chienne et elle peut très bien vivre sans, toute sa vie durant. Certains mâles ont également tendance à devenir plus « durs » après avoir procréé. Chez le bouledogue français, on peut noter que certains de couleurs fauves sont plus vifs, plus intrépides que les bringés. Mais c'est essentiellement un problème de souche, il existe en effet des lignées plus « dures » que d'autres.

Bien vivre avec son bouledogue français

L'ÉDUCATION du BOULEDOGUE FRANÇAIS

Comprendre son chien et garder à l'esprit qu'il ne raisonne pas comme un humain permet d'éviter certaines erreurs. Tout se joue très vite : dès que votre boule aura posé le bout de sa truffe dans sa nouvelle maison, c'est à vous de jouer.

🐾 Préparer son arrivée

Ne tombons pas dans l'anthropomorphisme, mais reconnaissons tout de même que l'arrivée d'un chiot à la maison est un grand bonheur et que cette venue se prépare comme celle d'un nouveau-né.

On peut déplorer que des personnes acquièrent un chien sur un coup de tête un dimanche après-midi sur un marché et se retrouvent le soir même avec un chiot sur les bras. Cela arrive malheureusement. Mais compte tenu du prix assez élevé du bouledogue français (comparativement à d'autres races), gageons que les futurs propriétaires prennent le temps de la réflexion et de l'achat, ou tout du moins partons de ce principe pour exposer ce qui suit.

Puisque le maître dispose de temps entre le moment où il a réservé son chiot et celui où il va en prendre possession, autant qu'il en profite

pour faire le tour de ce qui sera nécessaire. Cela se résume en fait à peu de chose : un panier, une couche confortable, quelques jouets (encore que, le bébé boule pourra s'en contenter d'un seul), une gamelle pour la nourriture, une autre pour l'eau. Quoi d'autre ? Une laisse et un collier, mais assez bon marché tout en étant solides, quitte à changer quand il aura atteint sa taille adulte. Côté pharmacie : de la Bétadine, du coton, une lotion pour nettoyer les yeux, les oreilles. Éventuellement un dentifrice (avec brosse à dents ou doigtier) si l'on veut l'habituer très tôt à l'entretien des dents. Une brosse, bien évidement. Le maître pourra aussi choisir un gant à picots en caoutchouc qui compte tenu de la nature du poil du boule conviendra très bien à son entretien qui n'est pas exigeant.

Lorsque son trousseau est prêt, il ne restera qu'à définir son endroit de couchage, situé à l'abri du chaud, du froid et des courants d'air.

Ville ou campagne ?

Le bouledogue français est aussi bien un chien des villes qu'un chien des champs. Il peut s'accommoder sans problème d'une vie citadine, en appartement. C'est là un autre avantage de ce chien. Il n'a pas besoin d'un exercice sensationnel, même si pour son bien-être psychologique et pour entretenir sa forme, il a tout de même besoin de dépenser son énergie. Mais ce n'est pas la peine chez le bouledogue de vouloir à tout prix qu'il se dépense s'il n'en a pas envie. Compte tenu de son format et puisqu'il est aussi très sociable, ses maîtres pourront envisager, dès l'instant que cela leur est possible, de l'emmener partout avec eux. Au restaurant, par exemple, il se fera discret. Il est important, comme nous l'avons déjà dit, de ne pas habituer le chiot à venir quémander à table. C'est cela qui rendra sa présence agréable dans le cas de l'exemple du restaurant.

Pour ce qui est de l'alimentation, l'éleveur vous conseillera, quitte à en changer par la suite. Il est possible qu'il vous remette un sac de nourriture le jour où vous irez chercher votre chiot.

🐾 Savoir l'accueillir

Si vous allez chercher votre chiot en voiture, faites vous accompagner afin qu'une personne puisse le prendre sur ses genoux (pensez au papier absorbant !). Roulez doucement, sans à-coups ni freinages brutaux. Pensez que cela est traumatisant pour lui de quitter sa première maison, sa mère, ses frères et sœurs. Même si vous lui parlez très gentiment, le pauvre a de quoi être stressé ! Si vous êtes seul à aller le chercher, procurez-vous ou faites-vous prêtez une caisse de transport.

Lorsqu'il arrive à la maison, évitez l'émeute si vous êtes en famille plus ou moins nombreuse. Si tout le monde lui tombe dessus en criant qu'il est beau comme un cœur, cela ne va que rajouter à son stress. Surveillez-le et laissez-le découvrir la maison où vous aurez pris soin de ramasser les objets fragiles ou avec lesquels il risquerait de se blesser.

Un chiot a besoin de dormir. Même s'il est agité les nuits suivantes, ne perturbez pas son sommeil, ce qui pourrait entraîner chez lui des troubles. L'empêcher de dormir en pensant qu'il dormira mieux la nuit suivante, sans aboyer ou pleurer, n'est pas une chose à faire.

🐾 Poser les interdits

Dès qu'il pose le bout de sa patoune chez vous, dites-vous bien qu'il n'est pas qu'une petite chose fragile. Il est malin et ne tardera pas à vous tester. Aussi, soyez ferme dès le départ pour que rapidement il comprenne les interdits (canapés, fauteuils, lit…) selon votre choix. Autre exemple : ne le laissez surtout pas commencer à venir quémander à table. Restez totalement indifférent, il finira par se lasser et partira plus loin. C'est la meilleure façon pour ne pas être constamment ennuyé par la suite par un chien qui réclame sans cesse.

Votre boule peut tout à fait avoir « son » canapé, son endroit désigné. Vous devez vous imposer comme étant le chef de meute et il doit vous respecter. Cela se joue très vite et il ne faut pas repousser à plus tard l'éducation, même si cette petite boule de poils vous apitoie. Faites quand même preuve d'une certaine indulgence. Un pipi ou une crotte est quasi inévitable. À vous de ne pas le laisser aller sur les beaux tapis et préférer le carrelage de la cuisine. On peut comprendre qu'un maître soit quelques fois excédé par les premières bêtises d'un chiot, mais il faut bien se dire que c'est un passage

obligé et que ce n'est pas bien grave. Se mettre à hurler, à le réprimander alors qu'on ne l'a pas pris sur le fait, lui mettre le nez dans le pipi pour lui faire comprendre qu'il a mal fait, sont des inepties. D'autres fois, on peut aussi commettre des erreurs alors que l'on pensait bien faire. Nous n'avons pas la prétention de vous livrer ici toutes les recettes infaillibles qui feront que votre chiot sera rapidement obéissant, propre et sociable. Il y a bien entendu certaines consignes à suivre, mais l'essentiel se joue aussi dans la manière dont vont se tisser les liens entre vous et votre chien. Un peu de bon sens, de la logique, pas mal de patience et dans quelques mois… vous aurez le plus sympa des bouledogues français à vos côtés !

Inutile de dire que les consignes devront être suivies par tous les membres de la famille. Sinon, le chiot ne va plus savoir où donner de la tête ou bien alors va rapidement comprendre vers qui aller pour qu'on cède à l'un de ses caprices. Tout le monde doit jouer le même jeu. Normalement, un « non » prononcé de façon ferme doit vous permettre de vous faire obéir. La tape sur les fesses n'est pas toujours nécessaire. On entend souvent dire à ce sujet qu'il ne faut pas porter la main sur un chien mais plutôt utiliser un journal, par exemple. Cela ne semble pas vraiment fondé et des spécialistes de l'éducation pensent que le chien sait bien faire la différence entre la main qui caresse et la main qui punit. On lit ou en entend également assez souvent que l'on peut réprimander le chiot en le prenant par la peau du coup et en le secouant (pas trop tout de même !). Cela lui rappellerait la manière dont procédait sa mère pour le punir. Il n'apparaît pas nécessaire, hormis face à une grosse bêtise ou un chien très entêté, d'avoir recours à ce principe.

LA PREMIÈRE NUIT

C'est la hantise des nouveaux maîtres, avec la notion de propreté. Autant le dire, rares sont les chiots qui ne pleurent pas la première nuit lorsqu'ils se retrouvent seuls dans une pièce dans leur panier. Que faire ? Rien ! Si vous vous levez au moindre cri, il aura gagné. Restez de marbre.

Surtout n'allez pas le disputer, car là non plus cela ne servirait à rien, qu'à envenimer la relation qui commence tout juste à prendre forme. Les boules Quies sont l'une des solutions, et des nuits blanches il faut s'attendre à en passer quelques-unes parfois.

Certains préconisent de placer une bouillotte à l'endroit de couchage du chiot, ce qui lui rappellerait ou tout du moins lui ferait penser à la chaleur de ses frères et sœurs lorsqu'il dormait blotti à leurs côtés. On évoque aussi le réveil que l'on place dans un linge et dont le tic-tac lui rappelle les battements de cœur de sa mère. Autre astuce dans la série : un morceau de tissu ramené de l'élevage et qui serait donc imprégné de l'odeur du premier lieu qu'il a connu et qui aurait des vertus réconfortantes. Ça peut marcher, mais rien dans ce domaine n'est garanti.

Si vraiment les pleurs du chiot sont insupportables pour vous et peut-être aussi (il faut y penser) pour vos voisins, reste une solution : le faire dormir non loin de vous, dans un parc ou

dans un panier. Mais jamais le prendre avec vous sur le lit, même s'il se positionne au pied. Sinon, là aussi, c'est sa victoire que vous déclarerez.

Généralement, le chiot ne fait pas ses besoins là où il dort. En tout cas préparez-vous à trouver la « surprise » le lendemain matin. Il est trop petit pour se retenir et n'a pas nécessairement compris que ce morceau de journal que vous avez laissé traîner était destiné à cela ! Au matin donc, il n'y a qu'une attitude à adopter : l'indifférence, faire comme si de rien n'était. S'il dort, n'allez pas le réveiller. S'il vient vers vous, souhaitez-lui le bonjour, mais de façon raisonnable. Pour ramasser ses oublis, ne le faites pas devant lui. En vous accroupissant, vous vous placez à sa hauteur, et le chiot peut prendre cela pour un jeu.

Lui apprendre la propreté

La propreté est certainement la seconde « plaie » des maîtres. Beaucoup se posent des questions, commettent des erreurs. C'est, avec les premières nuits du chiot, le cap le plus « difficile » à passer. Il n'y a pas là non plus de recette miracle, de trucs ou astuces qui fonctionnent à tout les coups. La patience est la règle et une fois de plus une certaine logique est de mise.

Le chiot est un peu comme un canard, pour prendre un raccourci ! Il faut donc être disponible dès qu'il aura terminé de manger pour le conduire là où il doit faire ses besoins. Il est des signes qui ne trompent pas. Si après son repas il commence à tourner en rond, flairer le sol et commence à s'accroupir… il ne faut même pas attendre et le sortir. Il faut le féliciter dès qu'il a fait ses besoins, mais ne pas rentrer aussitôt.

Il peut arriver qu'il ne fasse pas ses besoins et qu'au retour… toc ! Il ne faut pas le réprimander si vous ne le prenez pas sur le fait, surtout pas lui mettre le nez dedans, c'est ridicule et ne mènerait à rien, sinon à faire perdre la confiance que le chiot a en son maître. Restez indifférent. Pour nettoyer, vous pouvez utiliser une eau gazeuse ; si elle absorbe les odeurs, à noter qu'elle ne désinfecte pas.

Au tout début, le maître peut habituer le chiot à faire ses besoins sur un journal ou sur une couche spécialement conçue à cet effet que l'on trouve dans le commerce ; l'un et l'autre seront bien entendu renouvelés régulièrement. Certains maîtres ont obtenu de bons résultats en rapprochant petit à petit le journal près de la porte d'entrée jusqu'à le déposer dans le caniveau. Faut-il encore vouloir sortir et déposer tout le long du trottoir du papier journal ! Il faudra de toute façon lui apprendre ensuite le « réflexe caniveau » en pensant à avoir sur vous toujours une poche ou un papier absorbant pour ramasser en cas d'accident. Avoir un chien, c'est aussi faire preuve de civisme. À Paris, par exemple, il est obligatoire de ramasser, dans le caniveau aussi bien que sur la chaussée, sous peine d'une amende de 182 euros. Pour lui apprendre ce réflexe, c'est très simple : dès qu'il s'accroupie, tirez-le vers le caniveau. Il aura vite compris et par la suite, il ira de lui-même à cet endroit dès qu'il aura envie de faire ses besoins. Surtout souvenez-vous : les récompenses et compliments sont mille fois plus efficaces que les réprimandes et les punitions.

Sa socialisation

S'il est important de s'adresser à un éleveur sérieux ou un amateur passionné (voir le chapitre consacré à l'élevage) en vue de l'acquisition d'un chiot, c'est tout d'abord pour une question de qualité. Mais ce n'est pas tout. Un chiot séparé trop de sa mère et de sa fratrie a toute les chances de présenter des troubles du comportement en grandissant. Le contact avec la mère est primordial car le chiot va faire ses premiers apprentissages. Cela est nécessaire à son bon développement psychologique. D'autre part, l'éleveur est le premier homme avec qui le chiot est en contact. Il lui parle, le manipule, lui faire découvrir les premiers bruits de la vie courante. Cela aussi est très important.

Un chiot acheté chez un marchand de chien, sur une foire ou dans une animalerie présente des incertitudes quant à sa provenance et la façon dont on s'est occupé de lui jusqu'alors. Un bébé boule est craquant dans une vitrine, comme peuvent l'être tous les chiots de la terre. Il y a peu de races (quelques-unes existent) qui ne soient pas mignonnes quand elles sont bébés. Cela peut faire oublier la notion de traçabilité qu'il est essentiel de connaître en vue de l'acquisition d'un chiot.

Combien d'entre eux arrivent des pays de l'Est ? C'est une nébuleuse. Combien de maîtres sont déçus par l'aspect physique de leur chien qui ne correspond pas au standard de leur race ou par un caractère qui manque d'équilibre en grandissant ? Nous n'avons pas non plus de statistiques précises à fournir, mais il ne fait aucun doute que pour mettre toutes les chances de son côté, il est impératif d'avoir affaire à un chiot socialisé correctement.

Il ne faut pas tout de même croire que cela fera tout le reste. Car ce travail de socialisation, le nouveau maître devra le poursuivre. Ça n'a vraiment rien de bien terrible ni de compliqué. Il faut juste accoutumer le chiot à des ambiances diverses et variées, lui faire entendre au fur et à mesure de nouveaux bruits, lui faire découvrir de nouvelles odeurs, lui faire rencontrer le maximum de congénères, d'animaux, d'humains, petits et grands. Mais pas tout d'un coup, il faut être raisonnable. Tant qu'il est à la maison, on peut l'habituer à une foule de choses : bruit du téléviseur, de l'aspirateur, de la sonnette de la porte d'entrée, de la musique, etc. De même, il n'est pas conseillé de lui passer l'aspirateur sous la truffe, ce serait des attitudes dont il pourrait garder ensuite un mauvais souvenir, associant tel bruit à quelque chose de désagréable.

Dès qu'il saura marcher en laisse, le maître pourra varier les promenades pour ses besoins : un jour un pâté de maisons, le jour suivant un autre. Un jour dans un sens, un jour dans l'autre. On peut l'emmener sur les marchés, les foires, en étant prudent, car les mouvements de foule sont parfois risqués. L'ambiance fête de la bière de Munich est à éviter ! L'emmener, même en le tenant dans ses bras, au feu d'artifice du 14 Juillet pour qu'il n'ait pas peur des bruits de pétards par la suite n'est pas non plus vraiment conseillé. Allez-y progressivement, en douceur et n'insistez pas si vous sentez que le chiot appréhende. Détournez le « sujet »…

La solitude

Aucun chien ne supporte vraiment de passer de longues journées entières tout seul. Le bouledogue français, de ce point de vue, n'est pas plus affecté par la solitude qu'un autre. On peut même dire qu'on le retrouve à la même place que lorsqu'on l'a quitté. Il saura, dans le cas d'une journée normale de travail de ses maîtres, les attendre patiemment et sagement. Mais comme les autres choses de la vie courante, la solitude s'apprend. Il faut commencer très tôt, en laissant le chiot seul quelques minutes puis davantage. Le retour se fait normalement, sans fanfare ni trompette : c'est le maître qui doit décider de venir dire bonjour à son chien (comme il décide des moments de jeu, des caresses, etc.), sans en faire une montagne. Il en est de même pour le départ : ce doit être une chose normale, banale. Inutile de lui dire des « papa revient », « maman n'est pas partie longtemps », « soit sage »… ce qui a souvent comme conséquence de davantage stresser le chien qu'autre chose.

Les ordres de base

Outre les interdits et l'établissement d'une bonne hiérarchie, il faudra apprendre à votre bouledogue français différents ordres. Là aussi, la patience est de rigueur. On ne peut pas tout lui apprendre en même temps. Mieux vaut procéder par étapes, en courtes séances, sans le saturer, et en terminant toujours sur un succès, jamais sur un échec ou un refus.

Comme le boule est joueur, son maître pourra se servir de ce biais pour l'éducation de son chien. Il ne faudra pas oublier récompenses, sous forme de friandises (sans excès et pas de façon systématique pour ne pas le conditionner dans ce sens), de félicitations et de chaudes caresses. Il adore aussi !

Par ordre de base, on entend essentiellement : marche en laisse, « couché », « assis », « pas bouger » et le rappel. Ce sont des ordres qui, une fois assimilés par le chien, vous permettront de vivre en parfaite harmonie et d'avoir à vos côtés un chien agréable, qui obéit.

🐾 LES MOTS ET LE TON JUSTE

Concernant les ordres, plus que les mots, c'est le ton sur lequel ils sont prononcés qui est le plus important. Le chien serait capable d'en apprendre une cinquantaine. Ces mots qui servent à lui donner des ordres sont davantage pour lui des sons, souvent associés à une attitude ou à un geste de la part du maître. L'intonation est donc primordiale et elle doit être constante : donc toujours le même mot, sur le même ton pour le même ordre, sinon le chien aura du mal à fixer des repères clairs. On remarquera que le fait d'abaisser la main pour lui intimer l'ordre de se coucher, par exemple, peut être obtenu en employant un mot différent mais prononcé sur le même ton ! C'est en cela que le geste qui accompagne l'ordre n'est pas à négliger.

Le premier mot à lui apprendre sera son nom. L'idéal, pour la « communication » de tous les jours est un nom à deux syllabes maximum, qui « percute » bien. À noter que l'emploi de son nom doit être utilisé à bon escient, c'est-à-dire lorsque l'on a besoin de captiver son attention.

Vous devrez lui apprendre, en dehors du « on va se promener », « on sort », « pipi », « en voiture »…, les ordres de bases vu plus haut, et tout ce qu'on peut mettre en place au fur et à mesure avec son chien.

Le « non » : prononcé fermement (la voix grave est à préférer à la voix aiguë), cet ordre pourra être utilisé en de nombreuses circonstances et devrait suffire à vous faire obéir de votre compagnon. Pour la marche en laisse, vous pourrez commencer à habituer le chiot à porter son collier, puis à faire quelque pas dans

l'appartement ou la maison. Mais sans forcer, sans tirer, cela doit rester un jeu pour lui et non pas une contrainte. Lorsqu'il commencera à marcher, réfrénez ses envies de tirer en donnant un coup sec sur la laisse. Vous ne pourrez envisager de détacher votre chien que lorsqu'il aura assimilé les autres ordres, parmi lesquels le rappel. Le rappel s'obtient avec de la patience, surtout sans lui hurler dessus au bout d'un moment et en faisant toujours en sorte que le retour vers le maître soit un moment de plaisir. Le « assis » peut s'apprendre au moment de la marche en laisse : accompagnez le geste de la parole et en soulevant la laisse de la main droite, appuyez sur la croupe du chien de l'autre main. Cet ordre est très utile dans la vie de tous les jours, comme avant de traverser une rue, par exemple. Le « couché » peut être un peu plus difficile à obtenir, car chez certains chiens il correspond à une position de soumission. On peut se servir du « assis » pour obtenir le « couché ». Accompagnez l'ordre d'une pression sur les épaules en l'incitant ainsi à s'aplatir à terre. On peut aussi lui tirer les pattes avant pour les faire glisser sur le sol. Mais toujours sans contrainte, dans la joie et la bonne humeur et sans saturer le chien. C'est lorsqu'il aura assimilé ses ordres que vous pourrez lui apprendre le « resté assis » et/ou « resté couché » en vous éloignant de lui pour aller vous cacher, par exemple. Revenez vers lui et répétez-lui l'ordre s'il se lève et tentez de vous éloigner à chaque fois davantage.

VOYAGER AVEC SON BOULEDOGUE FRANÇAIS

Auto, moto, bateau, train, avion… le boule vous suivra partout. En voiture, ne le laissez pas divaguer, même sur la banquette arrière. Un coup de frein peut le projeter brusquement en cas de collision. Même si l'on ne pense pas à ce genre de chose, il faut se dire que ça peut arriver. Il existe des ceintures de sécurité pour chiens, mais ce n'est peut-être pas le plus pratique. Mieux vaut le faire voyager à l'arrière, séparé par une grille (en tissu, en fer ou en plastique) ou bien dans une caisse de transport. S'il est tenu sur les genoux d'un passager, ne le laissez pas passer la tête par la vitre, car l'air peut occasionner des otites. Ne laissez pas votre chien dans la voiture, les vols sont malheureusement fréquents (comme dans les cours des jardins facilement accessibles d'ailleurs) ; les jours de forte chaleur, votre boule risque le coup de chaleur, qui peut être mortel (voir le chapitre « santé »). Enfin, pensez à faire des pauses régulières pour ses besoins et pour qu'il puisse se dégourdir les pattes. Attention à l'ouverture de la portière, les chiens ont vite fait de sauter et on n'a encore jamais su leur apprendre le code de la route !

Si vous choisissez le train, il vous faudra lui prendre un billet correspondant à un demi-tarif pour un adulte. Seuls les chiens de moins de 6 kg peuvent prétendre à un billet « chien dans un petit contenant », qui est nettement moins cher. Votre bouledogue français devra être placé dans un sac ; les dimensions décrites par le règlement de la SNCF sont bien précises, mais on n'a encore jamais vu un contrôleur sortir son double décimètre pour mesurer un sac. Une fois installé, vous pourrez sortir le chien du sac à condition qu'il soit tenu en laisse. Certains contrôleurs font parfois du zèle, mais en général, à moins de tomber sur un voisin de banquette qui n'aime pas les chiens, tout se passe généralement bien avec un bouledogue, d'autant que là aussi il sait rester calme. Il arrive aussi fréquemment que les contrôleurs ferment les yeux pour un billet pris pour un chien de moins de 6 kg, mais qui en réalité pèse plus.

En avion, le chien peut accompagner son maître dès lors qu'il pèse moins de 5 kg ; là aussi le sac de transport est nécessaire. Au-dessus de 5 kg, c'est dans la soute qu'il fera le voyage dans une cage achetée auprès de la compagnie ou dans un magasin d'accessoires pour chiens qui vendent de nos jours des modèles agréés par les compagnies aériennes. Pensez tout de même à vous renseigner sur les conditions de vol de votre compagnon au moment de réserver votre billet pour évite toute mauvaise surprise au moment du départ.

En bateau, il n'y a pas de règle établie, car les conditions de transport peuvent varier d'une compagnie à l'autre. Soyez très prudent, car chaque année des morts de chiens (essentiellement dus à la chaleur) sont signalées.

Quelques bouledogues français font de la moto (nous en connaissons !) ; ils sont alors

Un passeport pour voyager en Europe

Le passeport européen est un document très important de la vie du chien. Depuis le 3 juillet 2004, il est obligatoire pour tous les chiens qui circulent dans l'Union européenne. Mais depuis le 1er janvier 2009, il est également devenu un élément incontournable dans la vaccination contre la rage.

Le passeport européen est similaire quel que soit le pays de l'Union européenne. Il s'agit d'un petit livret bleu, portant sur sa couverture un numéro unique. Il est écrit en anglais et dans la langue du pays d'origine. Il comprend un ensemble de rubriques constantes d'un pays à l'autre : informations sur le propriétaire et son chien, vaccination antirabique, résultats des tests sérologiques antirabiques, traitements contre les tiques et contre l'échinococcose, autres vaccins réalisés et examens cliniques effectués avant le transport dans d'autres pays. Ce document est remis au propriétaire du chien par son vétérinaire à l'occasion de la vaccination contre la rage. En effet, la primovaccination et les rappels de vaccinations contre la rage sont désormais consignés obligatoirement sur le passeport européen, et non plus sur les certificats bleus ou roses que de nombreux propriétaires de chiens connaissaient depuis de nombreuses années. Le passeport européen devient un document officiel essentiel pour tous les chiens.

placés dans un sac qui vient s'accrocher sur le devant de l'appareil, sur le réservoir. Le bouledogue est aux premières loges, entre le guidon et son maître et parade comme un vrai biker ! Attention, à petite vitesse, mieux vaut prévoir un coupe-vent et à grande vitesse, on ferme le sac, qui est muni d'aérations suffisantes pour que le chien respire sans gêne. Si notre bouledogue est capable de faire de la moto, inutile de dire qu'à la campagne, placé dans un panier sans risque de chute, il est donc tout à fait capable de faire du vélo ! Si le bouledogue français voyage si facilement, c'est grâce à sa grande faculté d'adaptation.

Quel que soit le mode de transport choisi, l'idéal est de lui apprendre lorsqu'il est tout petit, une fois de plus sans le brusquer, sans insister. On commence à l'arrêt, en s'aidant de friandise s'il le faut. Puis, on met le moteur en marche (auto, moto) ou l'on donne quelques coups de pédaliers. Puis, on fait un petit tour, et ainsi de suite. Le bouledogue assimilera rapidement que tout moyen de transport est généralement annonciateur de changement avec, à la clef, balades, vacances… le bonheur quoi !

LA SANTÉ ET L'ENTRETIEN du BOULEDOGUE FRANÇAIS

Le bouledogue français est en règle général un chien robuste, qui bénéficie d'une bonne espérance de vie. Une bonne santé passe, outre une alimentation équilibrée, par le respect des calendriers de vaccination, de vermifugation et des traitements antiparasitaires. Ensuite, quelques petits soins simples feront de votre boule un chien bien dans sa peau.

Les laboratoires ont développé de nombreuses armes contre les maladies en tout genre qui peuvent affecter les chiens. Le respect du calendrier vaccinal protégera votre boule de nombreuses de ces maladies. Il ne faut pas en faire l'économie et ce quel que soit son âge. Les maîtres ont en effet tendance à ne plus faire vacciner leur chien sous prétexte qu'il est entré dans la catégorie des seniors. C'est absurde, car un chien âgé, plus qu'un autre, a besoin de ces protections.

Lorsque vous aurez fait l'acquisition de votre bouledogue français, à partir de l'âge de huit semaines, celui-ci aura normalement fait l'objet d'une primovaccination contre l'hépatite de Rubarth, la maladie de Carré et la parvovirose (voir le chapitre sur les papiers du chien). À vous ensuite de tenir ce calendrier à jour au fil des rappels annuels. Une première visite chez le vétérinaire vous permettra de faire le point sur le statut vaccinal de votre compagnon et d'établir ces échéances des vaccinations. À douze semaines, il subira les rappels des trois premiers vaccins, puis sera vacciné contre la leptospirose.

Trois à quatre semaines plus tard, il faudra faire les rappels de tous ces vaccins et, plus tard, celui contre la piroplasmose.

LES MALADIES INFECTIEUSES

Les maladies infectieuses peuvent avoir deux origines : bactérienne ou virale. La vaccination constitue une bonne protection pour combattre certaines de ces infections.

La rage

Bien que la France soit déclarée indemne de rage, il est vivement recommandé de faire vacciner régulièrement son chien contre cette maladie virale qui a fait d'énormes ravages par le passé et dont on doit la découverte du vaccin à Pasteur. La rage est une zoonose, c'est-à-dire qu'elle est transmissible à l'homme. Si vous vous rendez en vacances dans certains endroits comme en camping par exemple, si vous souhaitez participer à des expositions canines, ou bien passer les frontières, votre chien devra être vacciné. Ce n'est

donc pas à négliger. Le coût de cette vaccination n'est pas élevé et le vaccin antirabique destiné aux chiens est l'un des plus efficaces (son taux de protection est proche des 100 %).

Depuis le 1er janvier 2009, l'application de l'arrêté du 10 octobre 2008 a modifié les conditions de la vaccination antirabique des animaux domestiques. Comme avant, le protocole de vaccination consiste en une injection de primovaccination réalisable dès l'âge de 3 mois du chiot et en un rappel annuel. Seul un vétérinaire possédant un mandat sanitaire a le droit de le réaliser. Il atteste alors de cette vaccination antirabique dans le passeport européen, qui est devenu le seul document officiel de la vaccination contre la rage d'un chien. Toutefois, les chiens sont obligatoirement identifiés pour que ce certificat soit valable. Après la primovaccination, le certificat est considéré comme valable à partir de 21 jours après l'injection et pour un an jour pour jour, alors qu'un délai de 30 jours était nécessaire

CALENDRIER DES VACCINATIONS

Âge	Valences vaccinales
5 semaines	P (en cas de risque ou en milieu infecté)
7-8 semaines	CHP + TC ou CHLP = TC
3 mois	CHLP + TC ou CHLPR + TC
4 mois	LR
1 an	CHLPR + TC
Tous les ans	CHLPR + TC

C : maladie de Carré ; **H :** hépatite de Rubarth, **L :** leptospirose ; **P :** parvovirose ; **R :** rage ; **TC :** toux de chenil.
Ce calendrier est donné à titre d'exemple et seul le vétérinaire est habilité à conseiller sur un calendrier de vaccination.

auparavant. Lors du rappel (effectué au plus tard un an jour pour jour après l'injection précédente), la certification de vaccination antirabique prend effet le jour de l'injection, et pour un an.

La maladie de Carré

C'est une maladie due au virus *Paramyxovirus*, d'origine virale, qui est contagieuse par simple contact et dont le pronostic est sombre. Elle affecte tout particulièrement les jeunes chiens, sans épargner toutefois les plus âgés. Cette maladie s'inscrit dans la liste des vices rédhibitoires de la loi du 22 juin 1989. Le propriétaire a huit jours pour faire jouer le délai de suspicion à partir de la livraison du chiot.

Les symptômes sont variés et la maladie de Carré peut revêtir plusieurs formes : digestive, avec forte fièvre, vomissements, diarrhée, perte d'appétit, déshydratation sévère ; respiratoire, et nerveuse. La période d'incubation s'établit d'une semaine à douze jours en moyenne. La vaccination permet de prévenir efficacement cette maladie et c'est la raison pour laquelle elle doit être systématique.

La maladie de Rubarth

La maladie de Rubarth (ou hépatite infectieuse) est une maladie virale très contagieuse dont les symptômes s'apparentent à ceux de la maladie de Carré (affaiblissement, perte d'appétit, vomissements, diarrhées, fièvre... ou bien prendre l'apparence d'une angine) ; elle est également inscrite parmi les vices rédhibitoires. Le temps d'incubation est compris entre trois et six jours. Le délai de garantie pour porter un diagnostic de suspicion est de six jours à partir de la livraison du chiot ; le délai de rédhibition afin d'introduire une action en justice est de trente jours, toujours à compter de la date de livraison. Un vaccin existe aussi contre cette maladie et qui constitue la meilleure des préventions.

La leptospirose

Aussi appelée typhus du chien, cette zoonose est une maladie bactérienne, causée par des leptospires et touche tous les chiens, quel que soit leur âge. Elle se transmet principalement par l'urine

FAITES LE VIDE

Penser à mettre hors de portée du chien tous les objets tranchants, coupants ou ceux avec lesquels il pourrait se blesser. Pensez également à mettre sous clef l'antigel pour voiture dont le goût sucré est appétent pour le chien ; son ingestion peut avoir de graves conséquences pour l'organisme. Les antilimaces, antirongeurs, allume barbecue et en règle générale tous les produits ménagers seront aussi placés dans des endroits inaccessibles. Lorsque vous traitez les plantes ou une pelouse, lisez attentivement les notices d'emploi et si les produits utilisés se révèlent potentiellement toxiques pour les animaux, traitez en leur absence.

des chiens contaminés. Le rat reste cependant le principal vecteur. Son temps d'incubation est de cinq à six jours et elle peut revêtir trois formes : rénale avec une insuffisance aiguë, digestive (gastro-entérite accompagnée d'hémorragies) et hépatique avec l'apparition d'une jaunisse. Suivant sa forme l'évolution est plus ou moins rapide. Il convient de noter que pour être pleinement efficace, surtout en milieu contaminé, un rappel tous les six mois doit être fait.

La parvovirose

Cette maladie, due à un parvovirus, est apparue en France il y a une bonne vingtaine d'années ; elle touche les chiots âgés de quatre à douze semaines et s'inscrit dans le même cadre légal que la maladie de Rubarth. La période d'incubation est de trois à quatre jours. Les symptômes sont ceux d'une gastro-entérite hémorragique s'accompagnant d'une diminution de l'immunité. Le diagnostic là aussi est sombre et il convient de réagir au plus vite. La vaccination est efficace, mais en cas de contamination le chiot touché devra être tenu à l'écart ; cette maladie peut faire des ravages dans les élevages.

La toux de chenil

Ce virus cause une sérieuse trachéobronchite, généralement parmi les chiens vivant en communauté (chenils, expositions, pensions, toilettage, etc.). La toux est sèche et bruyante. La maladie évolue lentement pendant plusieurs semaines. Un vaccin existe, mais dont l'efficacité est variable ; il peut être administré dès cinq semaines avec un rappel quinze jours plus tard.

La piroplasmose

Ce sont les tiques qui sont responsables de cette infection (voir le chapitre sur les maladies parasitaires). Un vaccin existe, qui ne protège pas le chien à 100 %, mais qui constitue tout de même une bonne protection avec les antiparasitaires.

Les parasites internes

La vermifugation constitue ensuite une autre priorité. C'est un geste simple mais qui offre aussi au chien une bonne protection en même temps qu'il assure une bonne hygiène pour toute la famille puisque certains vers peuvent transmettre des maladies à l'homme.

Il existe de nos jours une galénique variée en matière de vermifuges : pâte, cachets, spot-on (pipettes), etc. Chacun à son propre spectre d'action (vers ronds et/ou vers plats) et le vétérinaire conseillera le maître. À ce dernier de choisir la forme qui lui est la plus facile à administrer à son compagnon. Au rang des idées reçues, un vermifuge ne rend pas forcément un chien malade. Et si l'on a raté un rappel ou que l'on ne se souvient plus de la date, il est sans danger d'administrer de nouveau un vermifuge à son chien.

Chez le chiot, il est d'usage d'effectuer la vermifugation à dix jours, puis tous les quinze jours jusqu'à l'âge de deux mois et tous les mois jusqu'à neuf mois. Chez l'adulte, la vermifugation est effectuée deux fois par an. Chez les femelles, il est conseillé de vermifuger avant la saillie et avant la mise bas (quinze jours), puis cinq semaines après la mise bas. À noter que dans le cas d'un élevage, les vermifugations sont généralement effectuées tous les trimestres.

Les chiens peuvent être infestés par des vers à tout âge. Il en existe deux catégories : les vers ronds (nématodes) et les vers plats (cestodes). Les chiots peuvent être infestés avant la naissance par l'intermédiaire de larves qui parviennent à traverser le placenta avant la mise bas. L'infestation peut également se faire par ingestion (lait maternel ou œufs présents dans le milieu ambiant). Chez l'adulte, l'infestation a lieu par ingestion de larves, d'œufs ou par l'intermédiaire des nuisibles (rats, souris, etc.).

Les vers ronds

Les ascaris sont des vers ronds, semblables à des spaghettis, de couleur blanc jaunâtre, longs de 5 à 10 cm ; ce sont les plus fréquemment rencontrés (plus de 70 % des chiots sont contaminés à la naissance). Chez le chiot, leur présence peut entraîner des diarrhées, vomissements, voire des troubles respiratoires ou des occlusions intestinales. Leur présence chez le chien adulte peut en revanche passer inaperçue, d'où l'importance de vermifuger. Même sans présenter de com-

plications, un chien infesté par les ascaris s'en retrouve affaibli.

Les ankylostomes
Ce sont des vers de 5 à 10 mm de longueur qui se fixent aux parois de l'intestin grêle et se nourrissent de sang. Une diarrhée noirâtre ou une anémie constituent un signe d'alerte qui doit inciter le maître à consulter le vétérinaire sans attendre. Tout comme les trichures, les ankylostomes sont fréquents en élevage et en milieu rural.

Les trichures
Il s'agit de vers de 4 cm de longueur en moyenne que le chien (de tout âge) peut ingérer par léchage et qui se logent dans le gros intestin et le cæcum. Ils sont à l'origine de diarrhées avec parfois présence de sang.

Les vers plats
Ils sont plus connus sous le nom de ténia. Le *Dipylidium caninum* est le plus répandu d'entre eux. Les puces ou les poux en sont en général les vecteurs, d'où l'importance de traiter correctement son chien contre les puces. Le maître peut repérer des anneaux éliminés par les selles et qui font penser à des grains de riz aplatis. Les ténias peuvent être également transmis par la viande de certains animaux (porc, mouton, lapin…). Une diarrhée chronique, un amaigrissement ou un manque d'appétit peut faire soupçonner leur présence en grand nombre.

L'échinococcose
Echinococcus granulosus, responsable de l'échinococcose, a davantage de chance de passer inaperçu. Ce sont des troubles digestifs dans un premier temps qui surviennent qui évoluent vers une pneumonie chez les chiens très atteints.

 Les parasites externes

De nombreuses sales bestioles aiment « s'installer » dans le pelage de nos chiens. Si pour certaines elles ne sont pas bien méchantes et occasionnent tout au plus des grattages, il en est des plus dangereuses pour lesquelles une surveillance et un traitement préventif réguliers sont nécessaires. Là aussi, les laboratoires vétérinaires ont multiplié les armes contre ces parasites. Fini le temps des poudres qui sont désormais les moins faciles et pratiques d'application. De nos jours, il existe des sprays, colliers, spot-on, comprimés qui protégeront efficacement et de

façon durable votre chien (certains sont même waterproof, idéal après un bain ou les jours de pluie !) de ces hôtes plus qu'indésirables.

À noter qu'il est conseillé de traiter tous les animaux de la maison (chien, chat), sinon cela n'est pas d'une grande efficacité. L'environnement du chien devra aussi faire l'objet d'un traitement (panier de couchage, lieux qu'il fréquente régulièrement). Si le collier ne constitue plus de nos jours la panacée en matière de protection contre les puces ou les tiques, il peut cependant vous être utile lorsque vous passer l'aspirateur ! En effet, les puces adorent se loger dans les moquettes et les lames de parquet. Un morceau de collier placé dans le sac de l'aspirateur peut vous aider à éliminer ces acariens. Une bonne raison de faire le ménage ! Il existe également des sortes de fumigènes qui permettent de traiter la maison. Dans ces cas-là, pensez à traiter en l'absence de tous les animaux.

Les puces

On a coutume de lire ou d'entendre que le pic concernant les puces se situe en début d'automne et en fin d'été : il est vrai que ce sont les deux périodes de l'année où les infestations peuvent atteindre leur plus haut niveau. Mais ces parasites qui peuvent absorber jusqu'à vingt fois leur poids en sang en un seul repas, sont présents toute l'année et c'est la raison pour laquelle les traitements doivent être continus. De plus, ils raffolent de la chaleur de nos foyers et ne dédaigneront pas non plus de sauter de notre chien à notre bras !

Il n'est pas toujours facile de repérer la présence de puces chez le bouledogue français, mais s'il se gratte… allez inspecter son poil pour voir si vous ne trouvez pas quelques crottes. En cas d'infestation, il faut tout d'abord traiter pour éliminer (on peut utiliser pour cela un shampoing spécifique), mais aussi et surtout faire en sorte que le chien ne soit plus infecté par la suite.

Certains chiens peuvent également présenter une allergie aux piqûres de puces : il s'agit de la DAPP (dermite par allergie aux piqûres de puces) – ou DHPP (par hypersensibilité) –, qui provoque des grattages intenses, voire une crise de prurit généralisée, ou encore transmettre le ténia, d'où l'importance de bien protéger nos compagnons.

Les tiques

Les tiques sont des acariens se nourrissant comme les puces du sang du chien. À la campagne comme en ville, le chien peut en attraper, car on les trouve aussi bien dans les sous-bois que sur les pelouses.

Il est important de traiter correctement et régulièrement son chien contre les tiques, car elles peuvent transmettre de graves maladies (piroplasmose, maladie de Lyme, ehrlichiose, voir le chapitre sur les maladies parasitaires). Ce sont de plus des zoonoses, d'où l'importance de se montrer vigilant. Une inspection régulière de son chien permet de repérer rapidement la présence d'une tique. La nature du poil du bouledogue français facilite aussi la tâche. Il faut agir très rapidement, car l'inoculation du germe responsable de la piroplasmose, par exemple, se fait de 36 à 48 heures après que la tique se soit fixée. Il ne faut pas arracher la tique, au risque de laisser la tête qui s'est plantée dans la peau, mais parvenir à la retirer entièrement. On utilisait autrefois de l'éther pour l'endormir avant de la retirer mais il est difficile d'en obtenir aujourd'hui chez le pharmacien. Ce temps-là est révolu et l'on trouve désormais des « feutres » ou des crochets qui permettent de les extraire sans douleur, en un tour de main. C'est un de ces accessoires qu'il est important d'avoir sur soi lorsque l'on part en vacances. Les traitements préventifs sont nombreux et même s'ils ne parviennent pas à assurer une protection totalement imparable, il faut les appliquer régulièrement. Comme pour les puces (parfois les traitements sont associés), la galénique est variée. Il existe également un vaccin contre la piroplasmose qui n'assure pas une protection à 100 %, mais qui est une sûreté de plus.

La gale

La gale peut revêtir trois formes :

– **La gale otodectique,** que l'on appelle aussi la gale des oreilles. C'est un parasite microscopique qui se transmet d'un chien à l'autre ou bien entre chat et chien. Elle se caractérise par des sécrétions brunâtres s'accumulant dans le conduit auditif dégageant une mauvaise odeur. Cette affection est irritante et l'animal se gratte parfois violemment, ce qui peut provoquer des hématomes dans l'oreille. Gêné, il se secoue la tête. Les troubles peuvent aller jusqu'à la perte d'équilibre par atteinte de l'oreille interne, et même jusqu'à la surdité. Une visite chez le vétérinaire s'impose, car en plus du nettoyage de l'oreille grâce à une lotion adaptée, le praticien pourra conseiller l'utilisation d'un antifongique. Cette affection parfois récidivante se traite assez facilement, à condition de bien suivre le traitement et de s'y tenir.

– **La gale démodécique (démodécie)** est due à un acarien *(Demodex folliculorum)* et est généralement transmise à la naissance par la mère. Il est déconseillé de faire reproduire une chienne atteinte de démodécie. L'acarien qui en est responsable s'enfonce dans la peau et provoque des lésions autour des yeux, sur le nez et les pattes, lésions qui peuvent ensuite s'infecter (surinfection bactérienne) ; on parle alors de pyodémodécie ou de staphylodémodécie et peut prendre des proportions désastreuses. On la rencontre souvent chez les bouledogues français, principalement ceux venant des pays de l'Est. Le traitement est long et fastidieux. Auparavant, il fallait procéder à des bains. Heureusement, la médecine vétérinaire a fait de grandes avancées en mettant au point des traitements beaucoup plus faciles à administrer (cachets) et cette affection semble diminuer fortement.

– **La gale sarcoptique** est due à un acarien (sarcopte) et est très contagieuse entre animaux et c'est de plus une zoonose. Des taches rouges apparaissent que l'on peut confondre avec des piqûres de puces généralement derrière les pattes et les coudes, autour des yeux et aux oreilles, entraînant de fortes démangeaisons. Prise précocement, cette forme de gale se traite et se soigne assez rapidement.

Attention aux plantes toxiques !

Belles plantes, oui mais toxiques pour certaines. Le but n'est pas de vous en priver mais de réprimander le chien dès qu'il s'en approche, trop tenté qu'il est par une feuille qu'il souhaite croquer, ou les placer hors de sa portée. Amaryllis, ficus, houx, laurier cerise, mimosa du Japon, muguet, narcisse, philodendron, rhododendron, thuya... la liste et très longue et nous n'avons pas ici la place de toutes les citer. Pour certaines, ce sont les feuilles qui sont toxiques, pour d'autres, ce sont les bulbes ou la sève. Vous pouvez obtenir tous les renseignements auprès des centres antipoison pour chiens. Une intoxication se caractérise généralement par une irritation de la peau ou d'une muqueuse (labiale, buccale, oculaire), des vomissements, des convulsions ou des diarrhées. C'est une véritable urgence vétérinaire.

Les poux
Les poux, on n'en trouve pas que sur la tête des enfants ! Les chiens (principalement les jeunes) sont concernés par ces parasites dont on peut soupçonner la présence avec l'apparition de pellicules sur le poil. Cette parasitose se traite elle aussi facilement à condition de ne pas laisser traîner les choses. Il ne faut pas en revanche oublier non plus de traiter les autres animaux de la maison le cas échéant ainsi que l'environnement.

Les aoûtats
Certes, ils ne sont pas dangereux, mais ils occasionnent des démangeaisons gênantes pour le chien, aux pattes mais aussi parfois sur le corps. On repère les aoûtats grâce aux petits points orange à rouges entre les doigts ou aux aisselles. Des lotions adaptées permettent de traiter rapidement et d'en venir à bout.

La teigne
C'est une fois de plus une zoonose. La teigne se développe sur la peau à la suite d'un contact avec un chien ou une personne contaminés. On la repère par une chute de poils en plaques rondes (sans démangeaisons). Les spores de ce champignon microscopique (le plus souvent *Microsporum canis*) sont très résistantes en milieu extérieur d'où l'importance de bien suivre le traitement proposé par le vétérinaire qui permet de s'en débarrasser assez facilement.

✿ LES MALADIES PARASITAIRES

Tiques et certains moustiques sont les vecteurs de maladies parasitaires pour lesquelles il est également très important de protéger préventivement son compagnon.

La piroplasmose

Le piroplasme est le responsable de cette grave maladie que l'on nomme aussi babésiose. De 36 à 48 heures après s'être fixée sur un chien, la tique peut lui inoculer un microparasite *(Babesia canis)*. Celui-ci se multiplie alors dans les globules rouges affectant de nombreux organes parmi lesquels le foie, les reins ou bien encore la rate. Les symptômes sont un abattement, de la fièvre, une coloration des urines (couleur brun sombre). Le sud-ouest de la France est particulièrement concerné par cette maladie, mais la prudence est de mise partout. Le traitement, pour être efficace, doit être mis en œuvre très rapidement. Il existe bien un vaccin, mais dont la protection n'atteint pas les 100 %. C'est pour cela qu'il ne faut pas hésiter à utiliser régulièrement un antiparasitaire contre les tiques et d'inspecter régulièrement son bouledogue français (voir le paragraphe sur les tiques).

La maladie de Lyme

On appelle aussi borréliose cette maladie (attention, c'est une zoonose) qui est apparue relativement récemment en France et qui se concentre dans le nord-est. C'est un micro-organisme spirochète qui en est la cause : *Borrelia burgdorferi*. Chez le chien, la maladie débute en général par une forme peut évocatrice : anorexie, fatigue, léthargie, abattement, fièvre… Le symptôme le plus caractéristique qui apparaît ensuite est une boiterie atteignant l'articulation carpienne ; la zone malade est gonflée et chaude. Le vétérinaire doit dans un premier temps diagnostiquer le mal en le différenciant de toute autre cause de boiterie (c'est là toute la difficulté) avant d'entamer le traitement adéquat qui ne conduit pas toujours à une guérison complète.

La leishmaniose

C'est un moustique, le phlébotome, qui en est le vecteur de cette maladie grave qui est aussi une zoonose, qui se caractérise par un amaigrissement du chien et une ulcération de la truffe évoluant vers un gonflement des ganglions et des lésions oculaires. Son terrain de prédilection se situe dans le bassin méditerranéen. On conseille d'être prudent et d'utiliser, comme pour les humains, des insecticides, bien que cela ne soit pas toujours évident chez le chien. Les traitements existants pour venir à bout de cette maladie se révèlent efficaces.

L'hépatozoonose

C'est dans le sud de la France que l'on rencontre le plus fréquemment. Cette maladie a pour vecteur les tiques. Les symptômes sont peu caractéristiques, le principal étant l'anémie. D'où l'importance, face au moindre signe inhabituel chez votre chien de consulter sans attendre.

L'ehrlichiose

Ce sont encore les tiques qui transmettent cette maladie dont les symptômes ressemblent à ceux de la piroplasmose (jaunisse, urines foncées, diarrhée, vomissements, fièvre, manque d'appétit…). Elle peut être mise en évidence grâce à une prise de sang après quoi un traitement

BIEN VIVRE AVEC SON BOULEDOGUE FRANÇAIS

La dirofilarose

Retour aux moustiques du bassin méditerranéen... qui sont responsables de la transmission de ce parasite *(Dirofilaria)*. Cette maladie se caractérise par des vers se logeant dans le cœur ou l'artère pulmonaire, entraînant une insuffisance cardiaque ou une embolie pulmonaire. Le traitement est long.

SES POINTS FAIBLES

Les effets de l'hypertype

Depuis cent ans, la sélection chez le bouledogue français a fait d'un chien concaviligne et bréviligne, un chien ultraconcaviligne et ultrabréviligne. La marge de manœuvre est devenue très faible. Rechercher un chien très compact, très ramassé ne se fait pas sans problème : le chien devient plus lourd, la tête plus massive, le cou presque inexistant, les membres plus bas, la poitrine plus large. Rechercher un chien plus court, là aussi, ce n'est pas mieux : la poitrine sera moins profonde et on sait que pour la respiration ce n'est pas le meilleur ; le rein sera encore plus court et le chien sera handicapé dans ses allures tout particulièrement en présentant un sursaut au démarrage.

Bref, la plupart des problèmes de santé viennent de cette morphologie particulière liée au chien que l'on veut très typé. Cette sélection de chiens très typés a des conséquences importantes sur l'anatomie. Les rides sur la face sont plus volumineuses, entraînant un frottement des poils de ces bourrelets contre la cornée de l'œil pouvant aboutir à des ulcères cornéens et plus profonds avec des lésions d'infection et d'eczéma.

Les muqueuses de tout l'appareil respiratoire supérieur et tout particulièrement de l'arrière gorge sont hypertrophiées, le corps de la langue est énorme, le voile du palais est hyperplasié laissant peu de place pour une ventilation normale de l'animal et aboutissant à une détresse respiratoire avec ce bruit si caractéristique de ronflement et de cornage quand cela empire. Les muqueuses digestives sont également hypertrophiées, un œsophage non tonique à la vidange incomplète, un cardia, passage de l'œsophage dans l'estomac, non hermétique avec des reflux gastro-œsophagiens, un pylore hyperplasié au milieu de replis empêchant la vidange aisée de l'estomac. Tous ces éléments anatomiques aboutissent à des régurgitations pouvant se produire à tous les instants, au moindre mouvement un peu trop brusque ou spontané, et on ne parle pas de se qui se passe quand il y a énervement. Il faut savoir que les deux volets digestifs et respiratoires sont liés et les problèmes n'ont tendance qu'à s'aggraver.

Le surtype est à proscrire et il faut bien le dire, depuis environ cinq ans les éleveurs et les amateurs français en ont bien pris conscience. Dans les expositions, on écarte plus facilement les chiens trop lourds, les chiens ayant du mal à respirer. Certains diront que de tels chiens

---

 COMMENT LUI ADMINISTRER UN CACHET OU DU SIROP ?

Il y a des bouledogues français qui, comme de nombreux chiens, vous feront tourner en bourrique lorsqu'il est question de leur donner un cachet ou du sirop. On fait semblant d'avaler et hop... on recrache ! Vous pouvez ruser en planquant un comprimé dans un morceau de gâteau ou de fromage, mais la meilleure solution est de lui enfoncer le plus loin possible le cachet dans la bouche et de lui maintenir la gueule fermée, tête légèrement en l'air jusqu'à ce qu'il déglutisse. Pour un liquide, le plus simple est l'emploi d'une seringue dont on presse le contenu dans la commissure des lèvres en lui maintenant la aussi la tête légèrement en arrière. Après, pour vous faire pardonner, vous pourrez lui donner une petite récompense !

BIEN VIVRE AVEC SON BOULEDOGUE FRANÇAIS

restent à la maison, bien sûr mais je pense que les amateurs ne les feront pas reproduire, vu la médiatisation de la race et de ses problèmes.

Les problèmes respiratoires

Plus de 10 % des propriétaires de bouledogues français reconnaissent que leur chien a du mal à respirer lors d'un effort modéré et il faut savoir que ce phénomène ne fait qu'empirer avec l'âge. Dû à sa conformation de molosse, le bouledogue français peut être gêné pour respirer normalement : les narines trop fermées où ne peut passer que peu d'air, le nez pincé avec un chanfrein pas assez large, le voile du palais trop long empêchant une respiration buccale lors d'un accès de dyspnée (lorsque le chien a du mal à respirer et qu'il ouvre la bouche pour respirer davantage), un larynx qui a tendance à se fermer en s'éversant alors qu'il devrait être toujours bien ouvert… tous ces facteurs ne peuvent contribuer qu'à une mauvaise ventilation, surtout lors d'atmosphères lourdes et/ou trop chaudes. Heureusement, la chirurgie peut amener une amélioration de ces problèmes : l'ouverture des narines, la résection partielle du voile du palais apporte une respiration plus ample et plus facile. Il est à souligner que pour la reproduction, le bouledogue français, même opéré, est porteur de ces malformations. Il faut donc écarter les sujets atteints de la reproduction.

Le coup de chaleur

Tous les étés, malgré les conseils répétés dans la presse spécialisée, de nombreux chiens meurent de ce que l'on appelle le coup de chaleur. Il faut savoir que le chien ne transpire pas comme nous, par la peau. Ses possibilités de régulation thermiques sont beaucoup plus réduites que chez l'humain. Sa façon à lui de se réguler, de se ventiler, c'est en haletant. Il transpire par les soles, mais très peu. Donc même stationné à l'ombre, même vitres entre-ouvertes et voire climatisation en marche, il ne faut jamais laisser un chien à l'intérieur d'un véhicule. Quelquefois, un temps couvert peu aussi faire place à une éclaircie, il faut y penser. Si vous êtes témoin d'un chien enfermé dans une voiture et victime d'un coup de chaleur, le mieux pour lui est de casser une vitre du véhicule si le propriétaire n'est apparemment pas dans les parages.

Le bouledogue français, plus que certains autres, souffre de la chaleur. Lors de la canicule de l'été 2003, certains éleveurs, malgré les multiples précautions prises ont eu à déplorer des morts chez leurs bouledogues français. L'été, il faudra toujours avoir à disposition un brumisateur ou tout au moins de l'eau fraîche, un parasol où il puisse se mettre à l'ombre, choisir la proximité d'un coin ombragé. On peut également avoir recours à une serviette mouillée qu'on lui place sur le dos.

La seule chose à faire en cas de coup de chaleur chez le chien est de faire redescendre sa température. Pour cela, tout est bon : serviette mouillée, glace, bain dans de l'eau froide (il n'y a pas de risque d'hydrocution). Il n'est pas rare de devoir aussi pratiquer la respiration artificielle pour sauver le chien. Inutile de dire que la consultation vétérinaire dans les plus brefs délais s'impose car le chien devra être admis en soins intensifs.

La colonne vertébrale

Nous constatons parfois des malformations sur les vertèbres cervicales, lombaires et plus souvent thoraciques : soudures des corps vertébraux – soudures qui sont souvent évolutives aboutissant à la formation de blocs osseux et au rétrécissement du canal rachidien avec apparition de douleurs vives -, absence d'une partie du corps vertébral amenant des faiblesses de la cohésion et de la souplesse de l'ensemble de la colonne vertébrale. Après des efforts répétés, les sauts plus particulièrement, l'usure prématurée des disques vertébraux aboutit à une compression de la moelle épinière. Cela se traduit par une légère parésie des postérieurs jusqu'à une paralysie complète quand la hernie discale est installée. On pourra en partie remédier à ces déficiences en évitant tous les sauts et en particulier lors des jeux immodérés avec un ballon.

La luxation de la rotule

La luxation de rotule se traduit par un glissement de la rotule vers le côté médial du genou amenant une incapacité fonctionnelle. Avec un membre postérieur qui reste fléchi, ce chien sautille sur les trois autres pattes plutôt qu'il ne marche. Cette luxation peut être due à une laxité des ligaments tenseurs de la rotule ou d'une surface articulaire pas assez creusée où devrait venir s'insérer la rotule. Cette luxation peut être intermittente ou permanente et également unie ou bilatérale. Quand la luxation est trop importante, et surtout permanente, une intervention chirurgicale est indispensable pour amener une motricité normale du membre.

Les yeux

Les yeux du bouledogue français sont très sensibles, car bien ouverts et parfois proéminents. Une affection de la cornée avec ulcère peut se faire suite à un traumatisme ou parfois spontanément, la surface de la cornée n'étant pas bien protégée. Les tissus de la cornée se détruisent et donnent naissance à un ulcère qui non soigné énergiquement amènera sa rupture avec protrusion du liquide de la chambre antérieure de l'œil. Il est parfois nécessaire de suturer les paupières

pour que la guérison intervienne. Toute pathologie oculaire doit être prise au sérieux, car pouvant toujours déboucher sur un ulcère.

Les glandes nictitantes au coin de l'œil peuvent parfois se luxer lors de la croissance du chiot par un manque de place de l'œil dans l'orbite. La réduction manuelle peut se faire aisément ; quand elle échoue, une intervention chirurgicale est nécessaire. Il faut savoir que la glande nictitante, improprement ou communément appelée glande de Harder, est une glande lacrymale accessoire et que son ablation totale est à proscrire.

Les othématomes
Ce sont des hématomes provoqués par une lésion de l'artère auriculaire, suite à un traumatisme extérieur sur le chien ou plus souvent par un grattage excessif de l'oreille de la part de l'animal lui-même. C'est l'une des affections les plus redoutées chez notre ami le bouledogue français, car la cicatrisation peut aboutir à un port d'oreille cassé.

L'infection du pli sous caudal
Lorsque la queue est trop courte, ou que les coudures de la queue sont ventrales, l'os de la queue a tendance à rentrer dans les chaires et de ce fait le repli de peau sous la queue, appelé pli sous caudal, a tendance à s'enfoncer donnant une cavité borgne au-dessus de l'anus. La peau de cette cavité non aérée a tendance, par macération, à devenir le siège d'une infection permanente, surtout lors des périodes de mue où le pli reste prisonnier et qu'il est toujours difficile de soigner car l'animal se rebelle lors de la manipulation de la queue.

Des centres antipoison pour chiens

Certains venins ou des toxiques peuvent être à l'origine d'allergies chez le chien et déclencher un choc anaphylactique. La tête se met alors à enfler de façon impressionnante conduisant l'animal à une détresse cardio-respiratoire. Il s'agit là d'une urgence vétérinaire et il faut consulter sans attendre. Outre le numéro de téléphone de son vétérinaire, il est donc conseillé d'avoir toujours à portée de main celui de la clinique vétérinaire assurant les services d'urgence. Il existe aussi en France deux centres antipoison pour chiens : celui de l'école vétérinaire de Lyon et de l'école de Nantes, joignables sept jours sur sept, à toute heure. Ces centres sont à même de vous conseiller par téléphone ; il ne faut pas hésiter à les appeler en cas de doute.

De même, à l'extérieur, personne n'est à l'abri d'une chute ou d'un accident entraînant une blessure plus ou moins grave. Il faut savoir réagir pour prodiguer les premiers soins, là aussi sans commettre d'erreurs. Surtout, il ne faut pas céder à la panique. Plus facile à dire qu'à faire, direz-vous ! Mais avec quelques notions de « secourisme », on évite au chien qu'il ne souffre davantage et on peut organiser son transfert vers une clinique vétérinaire dans les meilleures conditions.

Il y a également les petits accidents de la vie quotidienne, ceux qui ne nécessitent pas d'aller consulter le vétérinaire et qui demandent juste d'avoir sous la main les produits nécessaires pour soigner ces petits bobos.

Pensez également à enregistrer sur votre portable (qui n'a pas le sien de nos jours !) le numéro de téléphone de la clinique vétérinaire la plus proche de l'endroit où vous vous trouvez lorsque vous êtes en déplacement. Cela permet d'éviter la panique. Enfin, n'oubliez pas que le bouledogue français, de par sa face aplatie, souffre plus qu'un autre de la chaleur.

Les problèmes dermatologiques

Les pyodermites sont le résultat d'une infection bactérienne pyogène de la peau. Il en existe des superficielles et des profondes. Environ 20 % des bouledogues français en sont atteints. Elles se rencontrent sur le pli facial, la face du bouledogue français étant particulièrement ridée avec des replis situés entre le nez et l'œil (7 % des bouledogues sont atteints). On peut également rencontrer des pyodermites du pli vulvaire (6 % des femelles en sont atteintes). Quant à la pyodermite du pli caudal, environ 4 % des bouledogues français sont concernés. Enfin, la pyodermite interdigitée touche environ 5 % des bouledogues.

Intoxications

Les causes d'intoxication peuvent être multiples (les appâts contre les renards dans la nature bien qu'ils soient interdits par la loi, les plantes, les produits en tout genre…). Surtout, ne faites pas vomir votre chien et ne lui donnez ni lait ni eau, ce qui pourrait ne faire qu'empirer la situation. Aller consulter sans attendre. Si vous le pouvez (ce n'est pas toujours possible de prendre le chien sur le fait ou de trouver le produit incriminé), emmenez une feuille de la plante que votre chien aura ingérée, ce qui pourra aider le vétérinaire dans son diagnostic ; cela est valable aussi pour un produit ingéré avec le flacon ou l'emballage).

 Les accidents

On parle peu des accidents dont peuvent être victimes les chiens. Comme pour les enfants, la maison recèle des tas d'objets et de produits dangereux et les accidents domestiques peuvent être dramatiques.

Les fractures

Face à la douleur provoquée par une fracture, le chien peut avoir le réflexe de mordre. C'est pour cela qu'aussi gentil soit-il en temps ordinaire, il est impossible de lui demander se calmer. Il faut manipuler le moins possible le chien. On conseille parfois de confectionner une attelle,

mais inutile d'aller jouer les apprentis sorciers. Le mieux est de pouvoir brancarder le chien, quitte à utiliser une grande serviette ou un drap tendu. Il y a là aussi le risque que le chien se débatte. Soyez toujours très prudent dans une telle situation, qu'il s'agisse d'une chute ou d'un accident de la circulation.

Les coupures, les morsures de chien, et les plaies

Là aussi, tout dépend de la gravité de la coupure, de la morsure ou de la plaie. Si l'on a affaire à une atteinte bénigne, il sera possible de soigner soi-même en lavant à l'eau et au savon de Marseille, par exemple, puis en utilisant une lotion ou pommade antiseptique puis en plaçant un pansement. Dans le cas d'une plaie ou d'une coupure profonde, il convient d'appliquer une compresse en maintenant la plaie et d'allez consulter rapidement ; n'utilisez pas de garrot qui peut provoquer une nécrose. À noter qu'une morsure de chien peut être longue à cicatriser et que contrairement à ce que l'on lit souvent (c'est encore une idée reçue qui a la vie dure), la salive du chien n'a aucune vertu antiseptique.

Les entorses

Si le chien boite, il faut vérifier qu'aucun corps étranger ne s'est logé dans l'un des coussinets. Il est possible qu'il se soit fait une entorse. Le membre touché peut se mettre à enfler, tout dépend de la gravité. Les plus bénignes d'entre elles se soigneront avec un simple bandage après l'application d'un anti-inflammatoire ; les plus graves, notamment s'il y a rupture de ligament, nécessiteront une consultation. Comme en cas de fracture, manipulez le chien avec une extrême précaution.

Les brûlures

Feu, eau ou huile bouillante, produits chimiques… au rang des accidents domestiques, les brûlures ne constituent pas une exception chez le chien. On les classe en trois catégories, du premier au troisième degré, en fonction de leur gravité. Une petite brûlure se présente sous la forme d'une rougeur à la surface de la peau. Après avoir passé la partie atteinte à l'eau froide, on peut alors appliquer une lotion (acide borique, pommade antibiotique…) et placer un pansement ; la compresse devra être changée chaque jour. Si la brûlure, même petite, concerne un endroit fragile (yeux, bouche, articulations…), il faudra consulter, tout comme s'il s'agit d'une brûlure du 2e degré (boursouflure remplie d'eau) ou du 3e (derme, épiderme et couches inférieures de la peau atteintes). Souvenez-vous : ne mettez jamais un corps gras sur une brûlure.

Les chenilles processionnaires

On en parle peu. Principalement présentes dans le sud (dans certains conifères), elles sont extrêmement dangereuses pour le chien, comme pour l'homme. On repère leur nid dans les arbres qui forment comme des boules de coton. Il faut à tout prix éloigner le chien auquel viendrait l'idée de jouer avec (elles avancent sur le sol les unes derrière les autres formant une procession, d'où leur nom), car leur contact peut provoquer de très graves séquelles si le chien en ingère ; leur poil est urticant et provoque des nécroses de la langue notamment.

Les morsures de serpent

En cas de morsure de serpent, n'incisez pas la plaie ; placez si vous le pouvez un garrot en amont de la morsure (elle se repère par deux petits points rouges espacés de quelques millimètres chez une morsure de vipère, par exemple), et conduisez votre chien le plus rapidement possible chez le vétérinaire. L'utilisation d'un antivenimeux n'est pas conseillée, car la sensibilité des chiens diffère d'un sujet à l'autre et mieux ne vaut pas prendre le risque d'un choc anaphylactique. Faites en sorte que votre compagnon fournisse le moins d'efforts possible.

Les piqûres d'insectes

Allez apprendre à un chien à ne pas vouloir gober une mouche, a fortiori une guêpe, une abeille ou un frelon ! Dès son plus jeune âge, réprimandez cette attitude afin d'éviter une piqûre qui peut entraîner un œdème (sur le corps, vous pouvez placer de la glace en attendant

qu'il n'arrive chez le vétérinaire). Plus grave : si le chien est piqué dans la bouche (gorge), il risque d'étouffer. Il faut conduire vraiment au plus vite l'animal chez le praticien. Si nécessaire, il faudra même dans certains cas introduire un tuyau dans la gorge du chien de telle façon qu'il puisse respirer. Il faut reconnaître que cette situation est des plus angoissantes (est-ce vraiment facile à faire de la part d'un maître lorsque l'on est face à ce cas, on en doute), d'où l'importance de chasser les insectes et le dissuader de les « toucher ».

Les épillets

Ce sont de petites brindilles qui vont se loger dans les oreilles, les narines ou encore les espaces interdigitaux. Parfois, on ne se rend pas compte de leur présence immédiatement, et c'est ainsi que se forment des otites ou des abcès. Les vétérinaires sont généralement rompus à ces hôtes indésirables. Donc en été, prudence et pensez à bien inspecter votre bouledogue au retour de promenade dans les champs.

L'occlusion intestinale

L'ingestion d'un objet (morceau de jouet, balle, caillou, bouchon de liège, pince à linges, etc.) peut provoquer une occlusion, qui constitue un arrêt partiel ou total du transit digestif. Une constipation prolongée (trois jours), des vomissements, des signes de déshydratation, des douleurs abdominales… doivent vous inciter à consulter. Le vétérinaire, s'il ne parvient pas à faire évacuer l'objet par les selles, pourra être amené à opérer.

L'ENTRETIEN DU BOULEDOGUE FRANÇAIS

S'il est bien un chien pour qui l'entretien n'est pas contraignant, c'est le boule. En revanche, il faudra que son maître assure les petits soins réguliers. Là aussi, l'arsenal pour l'entretien et la beauté s'est considérablement développé et amélioré.

Un simple coup de brosse

Compte tenu de la nature de son poil, le bouledogue français se contentera d'un bon brossage régulier (une fois par semaine en moyenne) dont le rythme sera accentué en période de mue où le poil tombe davantage. Habituez votre boule à ce brossage dès son plus jeune âge pour en faire un moment si ce n'est anodin, tout du moins agréable… presque un jeu ! Vous pourrez utiliser un gant de caoutchouc à picots : ça lui fera l'effet d'une caresse et ça, il adore par-dessus tout !

De beaux yeux
Les yeux seront nettoyés à l'aide d'une lotion adaptée ou d'un sérum physiologique. Chez les boules de couleur claire, les sécrétions et saletés peuvent oxyder le poil. On peut, hormis le nettoyage régulier, placer également un peu de vaseline. Si les yeux du chien sont rouges ou coulent anormalement, n'utilisez pas de votre propre chef un collyre, car les yeux sont une partie fragile et toute automédication est à proscrire. Il faut dans ce cas-là consulter le vétérinaire.

Des oreilles propres
Là aussi, il existe pour les chiens des produits spécifiques pour l'entretien des oreilles, en dehors de ceux destinés à combattre une infection (gale, otite...). Même si vous avez vu votre vétérinaire le faire (il connaît l'anatomie particulière de l'oreille d'un chien), n'utilisez jamais de coton-tige. Vous risqueriez de pousser le cérumen au fond du conduit ou bien de blesser le tympan. Utilisez tout simplement du coton et... votre doigt. Laissez le chien s'ébrouer après lui avoir instillé le produit, puis nettoyez.

La truffe
Le bouledogue français peut présenter une truffe sèche sans pour autant que cela soit un signe de maladie ou de mauvaise santé. Vous pourrez, pour pallier cet inconvénient, placez un peu de vaseline. Pas trop tout de même, juste une lichette, sinon il va éternuer et tenter de se lécher.

Pensez aux petits plis
Les plis de la face du bouledogue français pourront être nettoyés à l'aide d'une lotion adaptée afin d'éviter la présence de saletés, que celles-ci ne macèrent et finissent par provoquer de petites inflammations. Là aussi, vous pourrez avoir recours à la vaseline après avoir nettoyé ; l'usage d'un coton-tige est dans ce cas possible pour bien « drainer » les plis.

Une bouche saine
On peut constater parfois la présence d'un petit dépôt de tarte dans la bouche du bouledogue (contrairement à d'autres races, il n'y est pas très disposé). Le vétérinaire peut alors réaliser un détartrage par ultrasons sous anesthésie générale (légère). Pour combattre et prévenir la formation de tartre, on peut donner à son chien des os en peau de buffle, par exemple, ou d'autres friandises spécialement conçues à cet effet. En les mastiquant, cela permet un effet mécanique proche de celui de la brosse à dents. On parle de plus en plus de cette dernière pour le chien, accompagnée de dentifrice spécialement étudiés (goût poulet, par exemple). Il faut reconnaître que la tâche n'est pas toujours facile (on peut aussi utiliser un doigtier) à moins peut-être d'y avoir habitué le chien très tôt... et encore. En tout cas, il faut régulièrement surveiller la bouche de son chien afin d'éviter toute infection qui peut avoir des répercussions sur d'autres organes.

Les griffes
Généralement, les chiens usent leurs griffes d'eux-mêmes, en marchant. Si tel n'est pas le cas, il est possible de couper les ongles à l'aide d'un coupe-griffes que vous trouverez facilement dans le commerce, l'essentiel étant de ne pas couper trop loin afin de ne pas blesser la pulpe que l'on ne voit pas toujours chez le boule.

À ÉVITER

Afin de respecter la croissance du bouledogue français, il faut éviter les efforts immodérés. Les jeux entraînant une tension musculaire constante sur un squelette peuvent conduire à des problèmes, et ce même à l'âge adulte. Chez le bouledogue, la musculature est trop importante par rapport à la solidité du squelette. Le rapport musculature/ossature n'est pas toujours bon. De plus, il convient de rappeler que le boule ne sait pas s'arrêter de jouer !

Des organes tout propres !

Les organes génitaux des mâles et des femelles ne doivent pas en temps normal présenter d'écoulement. Vous pourrez être amené à vider les glandes anales de votre compagnon – à moins qu'il ne s'en charge lui-même, en faisant le traîneau (il se frotte les fesses au sol ; attention, cela peut aussi signifier qu'il y a présence de vers). Vider les glandes de son chien n'est pas une opération facile ni très agréable. À la limite, vous pourrez la demander à votre vétérinaire lors des consultations pour ses rappels. La queue du boule étant en tire-bouchon et plaquée aux fesses, il faudra aussi veiller qu'aucune saleté n'y reste collée et, le cas échéant, nettoyer.

À la douche !

Il n'y a pas véritablement de règle de rythme pour laver son bouledogue français dès lors qu'il est sale et que l'on prend soin d'utiliser un shampoing adapté au pH des chiens qui est différent du nôtre. Et dans ce domaine, la cosmétique canine a fait des merveilles. En tout cas, si vous n'en avez pas sous la main, dites-vous bien que le plus doux des shampoings humains (comme ceux pour bébé, par exemple) ne convient pas. Habituez-le aussi à ce rituel, dans le calme et la volupté, dès son plus jeune âge. Cela vous facilitera la tâche par la suite. Évitez la projection d'eau dans les yeux et les oreilles et séchez-le bien. Si vous utilisez un sèche-cheveux, faites attention à l'intensité de la chaleur. Et gare à ce qu'il n'aille pas se rouler *illico presto* dans la terre ou sur une charogne, comme beaucoup de chiens aiment le faire après le bain !

L'ALIMENTATION du BOULEDOGUE FRANÇAIS

Bien que les fabricants d'aliments aient fait d'énormes progrès et mis au point des produits haut de gamme qui répondent à tous les besoins nutritionnels des chiens, les Français aiment encore préparer des petits plats maison de leurs compagnons. Alors que choisir : alimentation industrielle ou ménagère ? De quoi le bouledogue français a-t-il besoin et qu'est-ce qui est le meilleur pour lui ?

Il ne mange pas comme nous !

Le chien n'a pas besoin, comme l'homme, de varier sa nourriture. Comme nous faisons de plus en plus preuve d'anthropomorphisme à l'égard de nos compagnons, nous avons la fâcheuse tendance à vouloir calquer sur notre chien nos propres habitudes alimentaires, ce qui est une grossière erreur.

Dès lors que vous aurez trouvé l'aliment qui lui convient, il pourra s'en satisfaire toute sa vie, à condition de respecter bien entendu ses besoins qui peuvent être fonction de plusieurs facteurs : âge, activité, état de santé… Le jour de l'acquisition de votre bouledogue français, l'éleveur pourra vous conseiller sur une marque. C'est généralement celle avec laquelle il travaille et il sait mieux qu'un autre si elle est appréciée de ses

chiens. Pourquoi ne pas continuer avec celle-ci s'il s'agit d'un produit de qualité ? Vous pourrez bien sûr en changer, mais procédez alors progressivement car tout changement brutal peut entraîner des troubles digestifs. Cela n'est pas systématique. Il existe des bouledogues français pour lesquels tout fait ventre et qui ne présentent aucun problème de ce côté-là !

🐾 Ménagère ou industrielle ? Telle est la question

Faire de la « popotte » pour son petit chien adoré, c'est bien. Encore faut-il être sûr que les gamelles qu'on lui prépare lui apporteront tout ce dont son organisme à besoin ou, au contraire, ne présenteront pas des excès. L'un comme l'autre peuvent être néfastes à la santé du chien.

De nos jours, les cabinets vétérinaires, sont de plus en plus confrontés à des chiens obèses. Un chien en pleine forme est un chien qui se porte bien, pas un chien qui est gros (plus de 15 % en moyenne au-dessus de la norme) parce qu'on le fait manger beaucoup trop sous prétexte qu'il n'en sera que plus fort.

Certes le bouledogue français est trapu et musclé, mais il ne faut pas qu'il soit enrobé de graisse au point de le faire ressembler, vu de haut, à un petit tonneau ! Il faut pouvoir tout de même sentir ses côtes. L'obésité chez le chien peut altérer sa santé et entraîner des problèmes articulaires, cardiaques, hépatiques, respiratoires, sans oublier qu'elle peut être la conséquence de mises bas difficiles, ce qui est d'autant plus important chez le bouledogue français dont on sait qu'elles ne sont pas d'ordinaire aisées. Il est cependant facile de faire maigrir un bouledogue français, en baissant tout simplement sa ration alimentaire. À poids égal, il faut beaucoup plus d'énergie à un bouledogue qu'à un autre chien.

Combien de maîtres pensent avoir raison en préparant une gamelle avec viande et légumes et qui trouvent bon d'ajouter en fin de repas une portion de fromage à tartiner, par exemple, « parce que ça lui donne du calcium et que c'est

Des besoins qui changent avec l'âge

Avec l'âge, certains acides gras essentiels ne sont plus synthétisés de façon optimale. C'est pour cela qu'il peut être conseillé chez le chien âgé d'augmenter et de diversifier l'apport de ces acides gras. L'assimilation ne se faisant pas non plus de la même façon qu'auparavant, le choix de bonnes matières premières permettra une bonne digestibilité. Enfin, il ne faut pas non plus le sédentariser. Continuer de jouer avec lui, de lui offrir des balades, l'encourager à bouger en respectant son rythme... contribuera aussi à l'aider à bien vieillir.

bon pour lui ». Ne riez pas ! Ces maîtres sont beaucoup plus nombreux qu'on ne le pense et croyant bien faire, nourrissent en fait très mal leurs chiens.

Une ration de base pour un chien peut s'équilibrer de la sorte : 50 % de viande ou de poisson, 25 % de riz ou de flocons de céréales (pesé à sec) ou un mélange des deux, 25 % de légumes verts, 10 % de minéraux et vitamines. Supplémenter n'est pas toujours sans danger, notamment si le complément est donné de manière excessive ou sans raison qui le justifie vraiment. Croire que le poil de son chien sera plus beau (hormis dans le cadre de problèmes dermatologiques), que tel produit rendra l'animal plus fort ou plus résistant peut être une erreur. À noter aussi que des carences énergétiques ou protéiques peuvent être source d'infertilité

Tout apport pourra être déterminé avec la collaboration du vétérinaire, car il faut vraiment avoir une connaissance en nutrition suffisante pour les dosages en minéraux, vitamines ou encore acides gras insaturés. Ce n'est pas « à la louche » ou « à vue de nez » que l'on doit supplémenter. C'est là que réside donc toute la difficulté de la ration ménagère.

Plusieurs nutriments sont indispensables au chien : les glucides qui sont la principale source d'énergie et que l'on trouve dans les céréales, féculents, riz, pâtes. Ce sont des sucres lents qui fournissent à l'organisme des réserves d'énergie. Les lipides présents dans le gras, l'huile, le beurre, la margarine sont indispensables au renouvellement cellulaire. Les protides (viande, poisson, œufs) indispensables notamment en période de croissance. Les vitamines et les sels minéraux, tous deux également indispensables à l'organisme. Parmi les aliments à éviter (voir également l'encadré sur les os et le chocolat), citons : le blanc d'œuf cru, les pommes de terre, les haricots secs, les choux, les sucreries et le lait. Le fromage (comme le gruyère, par exemple) n'est pas interdit dès lors que l'on n'en donne pas de trop grosse quantité (souvenez-vous aussi que le boule n'a pas le même estomac que nous !). Pour un bouledogue français, comptez environ 400 g en moyenne pour une ration ménagère quotidienne.

Industrielle, mais de qualité

Sur le marché, plusieurs types d'aliments pour chiens « cohabitent » dans les rayons des grandes surfaces, des magasins spécialisés et chez les vétérinaires. Il est certain qu'ils ne sont pas tous de la même qualité, mais toutes les grandes marques ont développé leurs produits haut de gamme souvent baptisés Premium. Notons au passage qu'il existe également des aliments qui guérissent (on les appelle les alicaments) et sont à employer dans le cas de certaines pathologies (obésité, diabète, insuffisance rénale, etc.).

Les différents types d'aliments disponibles se scindent en trois catégories : les secs, semi-humides et les humides. Les premiers, les secs, se présentent sous la forme de croquettes qui sont données telles quelles en laissant une gamelle d'eau fraîche en permanence à disposition du chien, de soupes (à réhydrater), ou de flocons de céréales (complémentaires à mélanger avec la viande). Les semi-humides se présentent sous forme de boîtes cartonnées ou de barquettes (viande ou aliments complets). Les humides se présentent pour leur part sous forme

de boîtes ou de barquettes dont le contenu (pâté toute prête) est à servir tel quel ; il en existe aussi tout à la viande, que l'on mélange alors à un complément (riz, pâtes, céréales…).

Si le maître a choisi un aliment industriel de qualité, celui-ci, donné dans de bonnes proportions, n'aura pas besoin d'être supplémenté. Il est même contre-indiqué de complémenter alors. Il se suffira à lui-même. C'est là un avantage. Les aliments secs de type croquettes en offrent de nombreux autres : des dates de péremption qui permettent leur stockage, même après ouverture. C'est aussi un gain de temps à une époque où nous sommes de plus en plus pressés. Les saveurs sont variées et au sein d'une même gamme on trouve des produits qui sont fonction de l'âge du chien, de son activité, etc., ce qui permet de rester sur le même type d'aliment.

Os et chocolat : attention !

Le chocolat est toxique pour les chiens en raison de la théobromine qu'il contient, une substance qu'il ne parvient pas à assimiler. Malgré cela, on voit constamment des maîtres qui donnent, même si ce n'est que par petits morceaux, du chocolat à leur chien. S'il en raffole vraiment à ce point, il est possible de lui donner des friandises dites au chocolat, et qui sont élaborées spécialement pour les chiens, donc sans danger. Pour ce qui est des os, évitez à tout prix ceux de poulet et de lapin qui risquent de se casser et de se planter dans la gorge, l'œsophage ou l'estomac. Évitez aussi les os très friables, car ingérés en grande quantité, ils peuvent être source d'occlusion ou de constipation. Vous pouvez par contre opter pour un gros os de bœuf ou de veau en veillant à ce qu'à force de le grignoter il ne devienne pas trop tranchant… à moins qu'il préfère aller le cacher sous le lit ! En tout cas, ce genre d'os contribue, comme ceux spécialement fabriqués pour les chiens, à lutter contre la plaque dentaire. Enfin, concernant les friandises, évitez le sucre et autres morceaux de gâteau (vous pouvez lui donner un petit morceau de fruit, certains en raffolent !). Dans le commerce vous trouverez aussi toute une gamme de produits élaborés pour nos compagnons qui sont moins nocifs quand il est question de les récompenser.

Quant à la fréquence des repas, deux fois par jour (matin et soir) est un bon rythme. Entre 150 et 200 g de croquettes suffiront à rassasier votre boule en fonction de l'aliment choisi. À noter que le haut de gamme préconise souvent des rations inférieures. Le bio, très « tendance » actuellement, a fait aussi son apparition dans l'alimentation pour chiens… on n'arrête pas le progrès !

De la mère au bébé

S'il est bien une étape de la vie d'une chienne qui change son comportement alimentaire, c'est lorsqu'elle attend des petits. Il n'est pas nécessaire de modifier la ration alimentaire de la chienne gestante dès le début. À compter de la sixième semaine, son appétit s'amenuise alors que ses besoins en calories augmentent de 10 % par

semaine. Il lui faut alors une alimentation plus riche en nutriments essentiels (protéines, vitamines et modérément concentrée en minéraux et énergie pour ne pas qu'elle prenne de poids trop rapidement.) Il est pour cela conseillé de faire suivre un régime amaigrissant pour les chiennes en surcharge pondérale avant leur grossesse, afin d'éviter des problèmes à la mise bas.

Les gammes d'aliments spécialisées dans la nutrition des lices se composent de suffisamment de lipides pour fournir l'énergie qui lui sera nécessaire. Ces lipides sont d'origines très variées afin d'apporter une diversité importante des acides gras essentiels. On y trouvera aussi un taux plus élevé de protéines qui permettent d'amorcer la croissance fœtale et de débuter la production de lait ; des minéraux et vitamines en quantités équilibrées (le calcium et le phosphore sont indispensables à la formation des squelettes des petits).

Attention aux rations ménagères qui risquent de n'être pas bien équilibrées et donc de provoquer des carences. Autre danger : les surdosages en minéraux ou en vitamines A et D qui sont à l'origine de malformations des chiots. Une chienne en condition normale ne doit pas prendre plus de 25 % de son poids initial. Comme la quantité des rations augmente alors que son appétit diminue, il vaut mieux frag-

Une question d'éducation aussi

En dehors de l'aspect apport nutritionnel, l'alimentation fait aussi à sa manière partie intégrante de l'éducation. Le maître ne doit pas habituer son chien à venir quémander à table (c'est comme cela que l'on fait des « chiens baveurs ») et jouer l'indifférence totale ; il ne doit pas lui donner des friandises à profusion (quelques-unes peuvent être utiles pour l'éducation ou pour faire plaisir, mais point trop n'en faut). Le maître devra pouvoir manipuler la gamelle du chien alors qu'il mange sans que celui-ci réplique. Un grognement, un signe de mécontentement... il faut réagir immédiatement et ne pas tolérer cette volonté de dominance : la gamelle est retirée et le chien saute un repas. On a coutume de lire que le chien doit manger après ses maîtres ou bien alors bien avant. Chez le bouledogue français, il ne faut pas exagérer : il n'est pas dominant à ce point et ces mesures ne s'appliquent qu'aux fortes têtes, ce qu'il n'est pas tout de même.

menter les repas. La dernière semaine, il faudra certainement modifier la qualité gustative des aliments pour inciter la chienne, devenue plus difficile, à se nourrir. Le plus simple est d'acheter des croquettes spécialisées dont l'appétence a été accrue dans ce but. Quelques jours, voire quelques heures avant la mise bas, la chienne refusera toute nourriture, tenez à sa disposition de l'eau fraîche, régulièrement renouvelée. Plus la portée est grande et plus la mère devra puiser dans ses réserves pour produire une quantité de lait suffisante. Ses besoins énergétiques sont alors multipliés par trois par rapport à sa ration habituelle, au cours de la troisième semaine suivant la mise bas. On la laisse alors manger à volonté en choisissant des aliments digestibles et de qualité. Il faudra par ailleurs supplémenter sa ration en phosphore et en calcium.

Les chiots commenceront à laper du lait dans une soucoupe vers l'âge de trois semaines. Il sera alors temps de commencer à y ajouter progressivement l'aliment de sevrage afin qu'il passe d'une alimentation liquide à une alimentation solide. Les chiots pourront être nourris quatre fois par jour (toutes les six heures) avec du lait reconstitué ou bien des bouillies, soit trois repas par jour (toutes les huit heures) avec des aliments solides. L'aliment sec pourra être laissé à disposition.

Les chiots, cela arrive (mort de la mère, refus de les nourrir, lactation insuffisante par rapport à sa portée, faiblesse des chiots pour téter), pourront faire l'objet d'un allaitement artificiel. C'est vraiment un domaine réservé aux éleveurs professionnels ou aux amateurs passionnés. Car sans vouloir en faire le moins du monde une chasse gardée, il faut reconnaître que cette pratique demande non seulement beaucoup d'investissement au niveau du temps mais aussi certaines connaissances.

LES PAPIERS du
BOULEDOGUE FRANÇAIS

Lorsque vous faites l'acquisition de votre bouledogue français, l'éleveur ou le cédant quel qu'il soit (particulier, association de protection animale…) devra vous remettre toute une série de documents.

Le marché des animaux de compagnie et, en particulier, celui des chiens, n'a pu éviter les brebis galeuses et les malhonnêtes. Certains textes de loi réglementent la vente des chiens et il est important pour le futur acquéreur de savoir ce qu'il achète et les conditions dans lesquelles doivent se dérouler cette transaction. De l'attention qu'il portera le jour où il va chercher son chien à la signature de certains documents dépendra ses possibilités de recours en cas de problèmes (destination du chien, vices rédhibitoires).

Il faut donc avoir ce jour-là la tête froide. Mais fort heureusement, il n'y a pas que des margoulins dans cette profession et l'essentiel est de construire une relation basée sur la confiance avec son éleveur. Vous aurez certainement besoin de ses conseils par la suite ; vous aurez certainement plaisir à lui donner des nouvelles de « son » bébé, qui est devenu le vôtre, et peut-être, s'il vous le demande ou si vous en avez envie, vous aurez l'occasion de participer en sa compagnie à une ou plusieurs expositions canines.

La loi de janvier 1999 est principalement connue pour être celle sur les chiens dits dangereux. Mais ce n'est qu'une partie du texte, car l'essentiel de cette loi porte également sur la volonté d'assainir ce marché de l'animal afin d'offrir davantage de transparence à l'acquéreur d'un chiot et de faire, même si ce n'est pas facile et même si l'on est encore loin d'y être parvenu, la part entre les éleveurs et passionnés sérieux, et les autres.

Avant d'acheter un chien, il est préférable de savoir ce que l'on peut et ce que l'on doit exiger du vendeur. Quatre documents officiels devront vous être remis le jour où vous irez prendre possession de votre bouledogue français.

Vente d'un chiot : ce qu'il faut retenir

– Une attestation de vente
– La carte d'identification par puce électronique
– Le certificat de naissance ou numéro de dossier de la SCC
– Le carnet de vaccination (facultatif)
– Un document d'information décrivant la race et ses besoins
– Un certificat de bonne santé établi par un vétérinaire si le vendeur est un particulier

La loi prévoit qu'un chiot ne peut absolument pas être vendu avant l'âge de huit semaines au minimum. Une petite annonce, passée sur quelque support que ce soit (presse, Internet, etc.) doit indiquer clairement si les chiots à la vente sont LOF ou non, le numéro de Siret de l'éleveur ou bien le numéro d'identification de la mère.

Le contrat de vente

Certains l'appellent encore attestation de vente et sur celui-ci doit notamment figurer : l'identité du chien, sa date de naissance, numéro d'identification, le nom du vendeur et de l'acheteur, le prix du chiot et les modalités de règlement, le nom des parents du chiot et leur numéro respectif d'inscription au LOF (Livre des origines français), la date de la vente et la date de la livraison. Attention, c'est à partir de cette dernière que commence à courir le délai en cas de vices rédhibitoires. Devra également figurer le nom et les coordonnées du vétérinaire qui a suivi le chiot et, éventuellement, celui qui le suivra par la suite.

Le contrat de vente devra aussi comporter le numéro d'inscription provisoire au LOF du chiot. Il est possible que l'éleveur ne dispose pas encore de ce numéro (il peut fort bien ne pas avoir reçu les certificats de naissance des chiots de sa portée ou bien cet envoi peut être retardé si l'acquéreur souhaite choisir le nom de son chiot). L'éleveur vous enverra ce numéro par la

suite par courrier, mais pensez tout de même à lui réclamer le jour de la transaction le numéro de dossier qu'il doit posséder. Autre point qui a toute son importance : ce contrat doit préciser la destination du chien : compagnie, exposition, reproduction... Cela a toute son importance car dans le cas où votre boule ne remplirait pas la fonction pour laquelle vous en avez fait l'acquisition, seule celle portée sur le contrat sera prise en compte. Par exemple, un chien qui ne peut pas avoir de petits ne permettrait pas à son propriétaire d'espérer obtenir gain de cause si sur le contrat il est stipulé qu'elle est destinée à la compagnie. À noter également qu'aucune clause du style « non destiné à la reproduction » ne peut figurer. Si une telle clause y apparaît, elle sera de toute façon considérée comme abusive. Le contrat de vente sera signé par les deux parties et le chien ne deviendra votre propriété que lorsque vous en aurez acquitté le prix.

🐾 Le certificat de naissance

Attention, ce n'est pas un pedigree ! Ce document, que l'éleveur vous enverra après réception

de la part de la Société centrale canine, prouve que le chiot est inscrit de manière provisoire au LOF et garantit l'origine du chiot. Vous y trouverez l'arbre généalogique de votre compagnon sur trois générations. Le nom et l'adresse du producteur (éleveur) y figurent ainsi que certaines récompenses, titres et cotations obtenus par les géniteurs du chiot. Le pedigree deviendra définitif après l'examen de confirmation (voir encadré « Boule de race : mode d'emploi »).

🐾 Le certificat d'identification

L'identification du chiot est une obligation, qu'il vous soit vendu ou donné à titre gracieux ou bien encore qu'il connaisse un changement de propriétaire. Le certificat d'identification prouve qu'il vous appartient. L'identification évite l'euthanasie chez le chien retrouvé errant, puis mis en fourrière. La loi considère, que sauf si le chien participe à une chasse ou à la garde d'un troupeau, il peut être considéré comme errant dès lors qu'il n'est plus sous la surveillance effective de son maître, hors de portée de voix ou éloigné de plus de 100 mètres, et lorsqu'il est abandonné et livré à son seul instinct. Dans l'un de ses cas, il peut être déclaré en divagation et risque la fourrière. Même le chien est identifié et vacciné, le maître (ou celui qui en avait la garde au moment des faits) peut être condamné à une amende de 150 euros par le tribunal (article R 622-2 du code pénal). Au pire des cas, le chien peut être retiré

Un pedigree tout neuf

La Société centrale canine a récemment relooké ses documents généalogiques. Le pedigree bénéficie désormais d'une impression laser et d'un hologramme qui vient en remplacement du timbre. Le format et les couleurs ont été adaptés afin de faciliter l'envoi par courrier ou par mail. Ce document devra par la suite intégrer d'autres éléments tels que le signalement de l'identification biomoléculaire (ADN), les indices de performances sur l'ensemble des disciplines de travail utilisées dans le cadre de la sélection, ou encore la vérification des tares génétiques.

La puce électronique

Cette puce est une minicapsule de la taille d'un grain de riz. Injectée sous la peau, elle contient un numéro propre à chaque animal. Les différences avec l'identification par tatouage sont les suivantes :
– l'injection de la puce se fait au niveau de la gouttière jugulaire gauche, sans anesthésie ;
– elle contient quinze chiffres et permet l'identification du pays, de l'espèce et de l'individu. Seul un lecteur scanner placé à quelques centimètres de l'épaule gauche de l'animal permet de lire et de décoder ce numéro ;
– la puce est permanente et ne risque pas, avec les années, de s'effacer comme certains tatouages, notamment ceux qui étaient faits à la pince.

L'éleveur doit vous remettre avec la carte une médaille qui sera accrochée au collier de votre chien. Elle signifie que ce dernier est identifié par un numéro unique et qu'il est inscrit au fichier national d'identification des carnivores domestiques (géré par la société I-CAD).
Enfin, depuis juillet 2011, il s'agit du seul mode d'identification autorisé pour se rendre à l'étranger avec son animal.

et placer dans un refuge de protection animale. Il est également possible d'avoir une amende allant jusqu'à 1 500 euros en cas de non-respect d'un arrêté réglementaire relatif à la divagation des chiens comme ceux que l'on trouve dans certaines villes.

En cas de perte ou de fugue, l'identification permet de faciliter les recherches afin de retrouver ses propriétaires. C'est pourquoi il faut tenir à jour les données inscrites sur le certificat d'identification, auprès de la société I-CAD qui gère le fichier d'identification des carnivores domestiques.

Le document d'information

La loi du 6 janvier 1999 stipule que lors d'une vente ou d'une cession, on doit remettre au futur propriétaire du chien « un document d'information sur les caractéristiques et les besoins de l'animal contenant également, au besoin, des conseils d'éducation ». Il n'y a pas de document type, et chaque éleveur peut à sa guise créer le sien. Alimentation, santé, hygiène, soin, activité… ce document doit donc vous permettre logiquement de connaître dans les grandes lignes les besoins de l'animal.

Le carnet de vaccination

Aussi étrange que cela puisse paraître, le carnet de vaccination n'est pas obligatoire ! En effet, le vendeur n'a pas l'obligation d'avoir procédé à la vaccination du chiot. Autant dire de suite qu'en général, l'éleveur sérieux aura fait vacciner ses chiots. Le carnet de vaccination est un document individuel qui doit comprendre au moins trois éléments : le signalement précis de l'animal (à défaut de son nom qui pourra être choisi par le

nouveau propriétaire s'il n'y a pas d'inscription au LOF), à savoir date de naissance, sexe, couleur de la robe, numéro d'identification. Il doit aussi porter la mention du nom et de l'adresse de l'éleveur. Le carnet de vaccination d'un chien est un certificat. Il doit indiquer les coordonnées de celui qui l'a établi. Ce dernier est responsable des mentions énoncées qui y sont portées. Une simple signature – en général illisible – ne suffit pas. Il faut un timbre indiquant très clairement le nom et l'adresse du vétérinaire ayant rédigé le certificat.

Le carnet de vaccination d'un chien comportera les caractéristiques du/des vaccins injectés (il s'agit en général d'une vignette) et la date de l'injection. S'il manque un seul de ces trois éléments – en tout ou partie –, le document est nul. Pensez à emporter avec vous, lors de vos déplacements, ce carnet de vaccination. Si vous devez consulter un autre vétérinaire que le vôtre, celui-ci lui fournira de précieuses indications.

Particulier : un document de plus

La loi est claire dans le cas d'une acquisition faite auprès d'un particulier : « Toute cession à titre onéreux d'un chien ou d'un chat, faite par une personne autre que celles pratiquant les activités mentionnées au IV de l'article 276-3 [il s'agit donc des personnes qui ne sont pas déclarées comme éleveur, comme les particuliers qui font reproduire leur chienne occasionnellement], est subordonnée à la délivrance d'un certificat de bonne santé établi par un vétérinaire. » On peut déplorer que peu de particulier lorsqu'ils vendent un chiot ne se plient vraiment à ces règles. C'est ce qui fait souvent toute la différence entre un achat opéré auprès d'un éleveur professionnel ou un amateur passionné et les autres.

Les garanties et la prévention des maladies

Le chiot bouledogue français qui arrive chez vous semble en pleine forme. C'est très bien, mais il est conseillé d'aller faire une première visite chez le vétérinaire. Cette première visite permettra au praticien de faire un bilan, en dehors de tout problème qui peut survenir (ou pas) par la suite. Il vous donnera quelques conseils, comme l'aura fait l'éleveur et ceux-ci sont toujours bons à prendre, principalement dans le cas d'un premier chien où l'on n'est pas forcément au courant de différents points qui ont toute leur importance (entretien, alimentation, vermifugation, vaccins, etc.).

Personne n'est l'abri d'un problème. Même si le bouledogue français est plutôt élevé dans un cadre familial (la vie en chenil n'est pas faite pour lui), il n'est pas à l'abri de certaines pathologies d'élevage, même si la qualité du cadre de vie dont il est issu semble irréprochable. La loi du 22 juin 1989 est une loi concernant la garantie légale des vices rédhibitoires. Selon l'article 285-1, sont réputés vices rédhibitoires, pour l'application des articles 284 et 285 aux transactions portant sur des chiens, ce qui permet donc à l'acquéreur de

BOULEDOGUE DE RACE : MODE D'EMPLOI

Lorsqu'un éleveur de chiens à pedigree (inscrits au Livre des origines français, LOF) fait une saillie, il la déclare à la Société centrale canine (SCC) dans les quatre semaines. La SCC lui adresse alors un imprimé pour la déclaration de naissance. Quand les chiots sont nés, l'éleveur fait une demande d'inscription au LOF. Il reçoit un certificat de naissance (inscription provisoire au LOF). Pour obtenir son pedigree définitif, le bouledogue français devra passer à partir de l'âge de douze mois (cela est fixé à quinze mois chez les grandes races) un examen de confirmation devant un jury qui décidera s'il est conforme au standard et s'il peut donc être inscrit définitivement au LOF. L'examen de confirmation se déroule généralement dans le cadre des expositions canines (hormis le championnat de France), dans certaines manifestations organisées par le club de race (Nationale d'élevage) ou bien, pour ceux qui habitent la région parisienne, à l'école vétérinaire de Maisons-Alfort sous l'égide de la SCIF (Société canine d'Île-de-France).

Il n'y a pas de date limite supérieure, mais mieux vaut attendre un peu après les douze mois que le chien ait bien terminé sa croissance. Il est possible que le juge constate un défaut qui pourra s'estomper ou bien encore qu'il estime qu'il était encore trop tôt pour lui faire passer l'examen ; il sera alors possible de représenter votre boule en respectant le délai donné par le juge. S'il est déclaré inapte (ce qui est certes toujours désagréable pour le propriétaire) il est possible d'entamer une procédure auprès de la SCC. Mais encore faut-il être sûr de soi pour ne pas avoir à revenir pour rien !

Un chien qui n'obtient pas cet examen de passage reste LOF toute sa vie, mais ne peut pas par contre prétendre à avoir une descendance inscrite au LOF (seuls des chiens LOF peuvent donner naissance à des chiens LOF). Un décret est à l'étude au ministère de l'Agriculture portant sur la généalogie. La France est en effet le dernier pays à pratiquer la confirmation. Celle-ci devrait donc disparaître au profit d'un pedigree « automatique » : un chiot issu de parents inscrits au LOF sera automatiquement déclaré de pure race à son tour, sans voir besoin d'être confirmé. Un examen subsistera pour donner une sorte de droit à la reproduction afin tout de même de différencier les chiens de qualité des autres.

demander l'annulation de la vente du chien : la maladie de Carré, l'hépatite contagieuse (maladie de Rubarth), la parvovirose canine, la dysplasie coxo-fémorale (en ce qui concerne cette maladie, pour les animaux vendus avant l'âge d'un an, les résultats de tous les examens radiologiques pratiqués jusqu'à cet âge sont pris en compte en cas d'action résultant des vices rédhibitoires), l'ectopie testiculaire pour les animaux âgés de plus de 6 mois, l'atrophie rétinienne. Mais attention, il y a une notion de délai peu évidente à prendre en compte : le délai de suspicion est égal au délai d'incubation des trois maladies contagieuses concernées par la loi. Il faut donc amener le chiot chez le vétérinaire très rapidement après son arrivée chez vous si vous voulez avoir un recours contre le vendeur s'il est malade. Le délai s'établit à cinq jours pour la parvovirose, six jours pour la maladie de Rubarth et huit jours pour la maladie de Carré. Il faudra déterminer si la maladie est antérieure à la vente et c'est bien ce qui est le plus difficile. Il faut faire vite, et seule une suspicion établie en bonne et due forme par un vétérinaire aura valeur aux yeux de la loi.

Le délai court à partir de la date de livraison du chiot. C'est la raison pour laquelle il est important que ce soit cette date qui figure dans l'attestation de vente, et non une autre. Par livraison, on entend l'endroit où le maître a pris possession de son chien. Ce « détail » est aussi

Lui choisir un nom

L'éleveur peut avoir choisi un nom pour le chiot mais il vous est possible de le changer même si vous ne respectez pas la lettre qui correspond à l'année de la naissance (2015 est par exemple l'année des « L »). Ne sont pas utilisées les lettres K, Q, W, X, Y et Z. Vous pourrez lui donner aussi un petit sobriquet, mais pour toutes les démarches « officielles », ce sera son nom initial qu'il faudra utiliser. Accolé à son nom, figure un autre mot ou groupe de mots (une particule, comme les nobles !). C'est ce que l'on appelle l'affixe, qui est en fait le nom de l'élevage dont il est issu et qu'il gardera à vie ; c'est sa marque de fabrique. Choisi par l'éleveur avec l'accord de la SCC, l'affixe qui ne peut être modifié, reste la propriété de l'éleveur jusqu'à sa mort. Un éleveur avec affixe peut élever différentes races et il s'engage à déclarer toute sa production au LOF.

très important en cas d'une éventuelle action en justice par la suite, car si le maître habite à plusieurs centaines de kilomètres de chez l'éleveur mais que le chiot lui a été livré, il n'aura pas à s'adresser à l'administration judiciaire du lieu dont dépend l'élevage pour porter plainte.

Pour faire valoir ses droits, la loi précise que l'acheteur doit le faire dans un bref délai, un « délai raisonnable ». L'acheteur a 30 jours pour produire une assignation devant le tribunal si aucune solution n'est trouvée entre les parties. En cas de problème, il semble nettement préférable d'aller sur le terrain du Code civil plutôt que sur celui du Code rural. En tout état de cause, mieux vaut parfois plutôt qu'un long procès tenter d'obtenir un accord à l'amiable entre les deux parties. Si vous sentez qu'il n'y a rien à faire, il sera toujours temps de porter l'affaire en justice.

Il faut que le nouveau propriétaire fasse également preuve de logique et de bon sens avec son chiot. Durant une dizaine de jours après les vaccins, il est conseillé d'éviter de sortir le petit dans des lieux trop fréquentés et de le mettre au contact d'autres chiens qui risqueraient de l'infecter alors qu'il n'est pas encore protégé par son injection. De même les efforts brusques, les sauts à répétition, les montées et descente d'escaliers sont véritablement à éviter. Les problèmes d'articulations ne sont pas que le fait de l'hérédité et bien souvent le maître est responsable de certains troubles déclenchés.

J'assure !

Votre compagnon peut être victime d'un accident ou souffrir d'une maladie. Dans ces cas-là, la note peut être vite salée. Il existe des assurances pour chiens. Reconnaissons que c'est le coup de poker. Certains maîtres paieront des échéances toute leur vie sans que, fort heureusement, ils n'aient à avoir recours à cette assurance. À noter qu'elle ne prend pas en compte les opérations de convenance ni les vaccinations ou les frais de vermifugation. Il peut exister des tarifs dégressifs en fonction du nombreux d'animaux (chiens, chats) pour lesquels on souscrit mais aussi certaines clauses « restrictives » (délai de carence, âge de l'animal, etc.). Certaines assurances couvrent par exemple aussi les frais de pension si le maître se trouve momentanément dans l'incapacité de s'occuper de son chien (maladie, séjour à l'hôpital…). Comme on doit le faire avant la signature de n'importe quel contrat, il faut donc bien le lire avant de signer et de s'engager.

Cette assurance pour chien n'est d'aucune façon obligatoire. Par contre, il est conseillé de déclarer son nouveau petit compagnon auprès de son assurance « maison ». Ainsi, au même titre que tous les autres membres de la famille, le chien sera pris en compte dans le cadre de la responsabilité civile. Le maître sera ainsi couvert si son chien est à l'origine d'un accident (morsure, chute d'une personne, bris d'un objet, etc.). Il faut savoir enfin que si vous confiez votre chien à garder, la loi stipule que c'est la personne qui en a la garde qui en est responsable en cas de problème. Autant s'en souvenir avant de confier son chien pour quelques heures ou quelques jours.

Pour aller plus loin

LE CLUB DE RACE du BOULEDOGUE FRANÇAIS

En 1998, le club du bouledogue français a fêté ses cent ans ! C'est lui qui a en mains les destinés de la race dans l'Hexagone. Il veille notamment sur le standard dont il a la charge, le pays berceau d'origine de la race étant la France.

Le bouledogue club français est né en même temps que la rédaction de son premier standard, en 1887, sous l'impulsion de Charles Roger. Un second club a vu par la suite le jour. De la fusion de ces deux clubs naîtra celui baptisé Club du bouledogue français, qui sera reconnu officiellement en 1898 et qui est toujours celui qui a en charge la race à l'heure actuelle (voir les coordonnées dans la partie Adresses utiles).

On peut trouver sur le site Internet du club, qui compte de nos jours quelque 1 000 membres, ses différentes missions : « Faire connaître la race et encourager l'élevage, contribuer à sa promotion, développer son utilisation ; mettre en place des tests de caractère (TAN), destinés à contribuer à l'amélioration de cette race ; favoriser les relations entre adhérents et les guider dans leurs choix ; publier une revue riche en informations et destinée aussi bien aux particuliers qu'aux éleveurs ; organiser des spéciales de race avec jugements de conformité au standard, attribution de CACIB et CACS, lequel compte pour l'attribution du titre de champion de France de conformité au standard. Ces spéciales se déroulent dans le cadre d'expositions toutes races ; organiser la nationale d'élevage du club du bouledogue français. Cette exposition est reconnue comme championnat du club de race avec attribution du titre de champion de France

de conformité au standard. Cette manifestation a lieu une fois par an. »

❖ Ses moyens

L'association est dotée d'un comité directionnel composé de quatorze membres qui assurent la gestion et l'ensemble du fonctionnement. Les moyens financiers de l'organisation sont essentiellement composés des cotisations annuelles des membres qui permettent d'assumer les frais de fonctionnement et, notamment, d'éditer le bulletin que reçoit tout membre rejoignant la famille des amateurs de bouledogues français.

Qui peut adhérer ? Toute personne aimant la race peut adhérer au club, qu'elle possède un bouledogue inscrit au LOF ou un bouledogue non inscrit, et même si elle n'en possède pas. Toutefois, la possession d'un chien non inscrit suppose que l'adhérent ne le fasse pas reproduire et tout comportement en contradiction avec la défense du chien LOF entraîne soit un refus d'inscription, soit l'exclusion.

Un seul club de race officiel

En France, un seul club par race peut être reconnu officiellement par la Société centrale canine. En revanche, il n'est pas interdit de créer une association que l'on qualifie souvent de club dissident. En bouledogue français, il n'existe pas pour l'heure d'association de ce type.

LES EXPOSITIONS CANINES

Participer à des expositions canines de beauté n'est pas une obligation. Mais lorsque l'on a fait l'acquisition d'un beau bouledogue français inscrit de pure race, on peut être tenté par l'expérience et... rapidement en attraper le virus. Mais exposer son chien demande tout de même quelques connaissances et le respect des règlements en vigueur.

La SCC et les expositions

Chaque week-end, de nombreuses expositions canines de beauté de plus ou moins grande envergure se déroulent à travers la France

(quelque 200 par an !). Pour ceux qui ne souhaitent pas se lancer dans ce genre d'aventure, ces expositions constituent un bon moyen d'aller à la rencontre des éleveurs (attention, ils sont parfois un peu stressés ces jours-là) et de voir de très beaux chiens. Ces expositions sont en effet réservées aux chiens inscrits au LOF (Livre des origines français), c'est-à-dire aux chiens de pure race. Organisées sous l'égide de la SCC (Société centrale canine) et par les fédérations régionales qui y sont rattachées, elles permettent chaque semaine de primer les plus beaux chiens y participant.

Fondée en 1882 et reconnue d'utilité publique en 1914, la SCC regroupe plus de 110 associations spécialisées de races (clubs de races) et 30 sociétés canines régionales. Les objectifs de la SCC sont, entre autres, d'après son cahier des charges : reconstituer, améliorer et vulgariser toutes les races de chiens (utilité, sport, compagnie), coordonner l'action des groupements canins en France, et resserrer les relations entre cynophilie française et étrangère. La SCC a en charge la tenue du LOF (Livre des origines français) qui est le livre officiel de l'espèce canine reconnu par son ministère de tutelle : celui de l'Agriculture. C'est également la SCC qui délivre les documents officiels (certificats de naissance, pedigree).

Les différentes classes d'engagement

Le comité de la Société centrale canine (SCC) a adopté le règlement des expositions de la Fédération cynologique internationale (FCI) en matière de classes d'engagement. Celui-ci est en vigueur depuis le 1er janvier 2004 et les différentes classes dans lesquelles on peut désormais engager son bouledogue français en exposition canine de beauté sont les suivantes :
– Puppy (de 6 à 9 mois).
– Jeune (de 9 à 18 mois).
– Intermédiaire (de 15 à 24 mois), classe facultative.
– Ouverte, Travail, Champion (à partir de 15 mois).
– Vétéran (à partir de 8 ans).
– Lot d'élevage : trois chiens du même élevage, de même race et de même variété, issus d'au moins deux portées différentes. Un lot d'élevage peut être engagé le jour même de l'exposition.
– Paire : deux mâles ou deux femelles de même race issus du même élevage, pouvant appartenir
à des propriétaires différents.
– Couple : un mâle et une femelle de même race issus du même élevage, pouvant appartenir à des propriétaires différents.

Les sociétés canines régionales ont pour leur part en charge le développement de l'élevage canin de pure race en France dans une zone géographique donnée. Elles délivrent les informations relatives à l'élevage canin et aux manifestations qui s'y rapportent dans leur zone. Elles organisent par ailleurs des séances de confirmation, des expositions canines et des concours de travail et d'utilisation pour les races pour lesquelles celui-ci entre dans le cadre de leur sélection (chiens de berger, concours de défense, ring, pistage, campagne, Field trial, etc.).

Pour en revenir aux expositions canines de beauté, ce ne sont pas que de simples shows destinés à présenter au public qui s'y rend les plus beaux sujets, toutes races confondues. Cela permet aux éleveurs qui y participent de mettre en avant leur sélection et aux juges qui notent les chiens de promouvoir à leur façon ces sujets et récompenser le travail de leur producteur. Ces expositions donnent également lieu à quelques crêpages de chignon, mais c'est une tout autre histoire !

Des petites et des grandes

Il existe plusieurs types d'expositions canines de beauté et plusieurs prix qui récompensent les chiens y participant, en fonction de la classe dans laquelle ils peuvent être engagés. Les expositions internationales, tout d'abord, où souvent sur deux journées la concurrence est rude puisque le nombre de chiens inscrits varie en moyenne de 1 500 à 3 000. Elles permettent d'obtenir, entre autres, un titre prisé : le CACIB (certificat d'aptitude au championnat international de beauté). Les chiens y participant doivent être inscrits à un livre des origines reconnu par la Fédération cynologique internationale (FCI) dont dépend la SCC, être âgés de plus de quinze mois. Le CACIB récompense le plus beau chien inscrit en classe ouverte ou intermédiaire ou travail ou champion parmi les chiens classés premiers Excellents dans l'une de ces classes. Le chien qui arrive en seconde position décroche ce que l'on appelle la Réserve (RCACIB). Ce titre devra par la suite être homologué par la FCI.

La course aux titres

Lors des expositions canines de beauté, les chiens peuvent obtenir, en fonction de leur classement, différents prix qui sont les suivants :
– **Excellent (carton de couleur rouge) :** ce qualificatif caractérise le chien que se rapproche le plus du standard de la race. Ils doivent pour cela être présenté en parfaite condition, avoir de la classe et de l'allure.
– **Très bon (carton de couleur bleue) :** ce qualificatif caractérise les chiens parfaitement typés, équilibrés dans leurs proportions et en bonne condition physique. Ils peuvent présenter quelques défauts véniels mais non morphologiques. Pour obtenir un premier prix, un chien doit au moins décrocher un Très bon.
– **Bon (carton de couleur verte) :** ce qualificatif est destiné aux chiens qui répondent aux critères de la race, mais qui ont des défauts à l'exclusion de ceux rédhibitoires.
– **Assez bon (carton de couleur jaune) :** c'est la plus basse distinction. Elle est attribuée à un chien suffisamment typé, mais sans qualité notable ou en mauvaise condition physique.
– **Insuffisant :** les chiens qui ne correspondent à aucun des qualificatifs précédents ne seront pas classés mais désignés par un « Insuffisant ».

Le CACS (certificat d'aptitude de conformité au standard), comptant pour le championnat de France, récompense le chien classé premier Excellent en classe intermédiaire ou ouverte ou de travail dans le cadre des expositions internationales ou expositions nationales à condition qu'il soit de mérite exceptionnel ; cette récompense n'accompagne pas en effet systématiquement la première place. D'après le règlement

édité par la SCC, les juges font des propositions de CACS d'après les mérites absolus des chiens sans avoir à vérifier si ceux-ci remplissent les conditions d'âge et d'inscription à un Livre d'origines reconnu. Il appartient à la SCC de s'assurer, pour l'homologation du titre, que les chiens satisfont aux conditions imposées.

Bien que dites « nationales », ces expositions de moindre envergure organisées sur une journée par la SCC et les Sociétés régionales, acceptent les chiens étrangers. Le chien qui arrive en seconde position se voit attribuer la Réserve (RCACS) qui peut devenir un CACS si le chien classé premier ne répond pas aux conditions d'obtention de son prix (âge, origines) ou s'il a déjà le titre de champion national de standard. Les CACS ne sont valables qu'après leur homologation par la SCC.

Le championnat de France est pour sa part organisé annuellement par la SCC ; c'est pourrait-on dire le « haut du panier » (quelque 5000 chiens inscrits sur deux ou trois jours). Le CACS compte pour le titre de champion de France. Après s'être tenu de nombreuses années sur l'hippodrome de Longchamp au mois de juin, la SCC a décidé de revenir à une formule de championnat itinérant. Ainsi, après Le Bourget, toujours en région parisienne, le championnat s'est « exilé » à Strasbourg en 2003, à Nantes en 2004 et à Lyon en 2005 avant de revenir l'année suivante au Bourget. À noter que lors de ce championnat, il n'y a pas la possibilité de faire confirmer son chien.

Il existe aussi d'autres sortes d'exposition où il est possible d'aller admirer les plus beaux bouledogues français, rencontrer les éleveurs ou bien engager son chien. La Nationale d'élevage, en premier lieu : cette manifestation organisée par le club de race chaque année, ne rassemble que des boules (aux alentours de 200 !). Cette exposition permet, entre autres, l'obtention d'un CACS et RCACS dès lors que plus de 50 chiens sont inscrits et entre donc en ligne de compte lors du championnat de la SCC pour le titre de champion de France (voir ci-dessous). Les qualificatifs que les chiens obtiennent en Nationale sont pris en compte en vue de la cotation des géniteurs (voir le chapitre sur les activités). Souvent, le passage du TAN (test d'aptitude naturel) est possible lors de cette manifestation. Sur le même principe sont organisées les Spéciales de race pour lesquelles le club choisit le cadre d'une exposition canine internationale ou nationale ainsi que le juge ; elles donnent, elles aussi, droit à l'attribution d'un CACS qui sera par la suite indispensable si l'on veut décrocher le titre de champion de France. À noter également que le club propose des Journées amicales qui sont placées sous le signe de la convivialité où il est également possible de faire confirmer son chien ou passer le TAN.

🐾 Pour devenir champion

Pour devenir champion International, le club de race du bouledogue français impose l'obtention de quatre certificats d'aptitude au championnat international de beauté (CACIB), dans trois pays et sous trois juges différents. L'un des titres devra par ailleurs avoir été obtenu dans le pays de résidence du propriétaire du chien ou dans le pays berceau de la race.

Pour devenir champion de France, un bouledogue français devra avoir obtenu :

– soit le CACS de l'exposition de Championnat, soit le CACS de la Nationale d'élevage ;

– un CACS dans une exposition internationale où est obligatoirement attribué le CACIB ;

– un CACS dans une Spéciale de race organisée par le club.

Ces trois CACS doivent être obtenus sous trois juges différents et les deux derniers CACS doivent être obtenus dans un délai de deux ans après l'obtention du titre en championnat ou en Nationale d'élevage.

🐾 Ça vous tente ?

Courir sur un ring, sous les projecteurs, ça peut en faire rêver certains mais attention, ce n'est tout d'abord pas si simple que cela puisse paraître, puis ce n'est pas se donner en spectacle comme on le ferait en montant sur une scène de théâtre. Quoique, parfois !

Présenter un chien est un métier, si l'on peut dire (certains en font d'ailleurs un métier : ce sont ceux que l'on appelle les handlers). Cela s'apprend en tout cas. Il ne suffit pas de tenir son compagnon en laisse et déambuler sur le ring de long en large pour présenter un chien. Il y a une façon de faire marcher son chien, de se positionner lorsque le juge passe en revue les différents

candidats, ou qu'il est seul face à l'un d'entre eux. Ceci est valable pour le ring d'honneur, au moment où l'on va par exemple décerner le Best in Show de l'exposition (le meilleur chien), mais aussi tout au long de la journée sur les rings de jugements où sont choisis au fur et à mesure ceux qui vont concourir en fin de parcours.

Pour commencer à apprendre, rien ne vaut que d'aller sur place et de regarder faire. Le jour de la confirmation de votre bouledogue français, vous pourrez aussi, sans majoration de prix, le présenter ; c'est l'occasion idéale pour vous lancer et vous frotter aux professionnels et vous rendre compte que ce n'est peut-être pas si facile.

Il est possible aussi que par la suite l'éleveur chez qui vous aurez fait l'acquisition de votre chiot vous demande, s'il est de bonne qualité, de venir participer à quelques expositions. Après tout, c'est une façon pour lui de mettre en avant son travail et ce peut être une fierté pour vous que d'avoir un chien primé, même s'il ne cartonne pas au top, là n'est pas le problème.

Choisir un sujet d'expo

Si vous êtes résolument décidé à participer à des expositions canines, vous pourrez être amené à choisir directement un chien destiné aux expositions. Pensez à ce que cela soit précisé dans sa destination sur le contrat de vente. Il faut déjà pas mal d'expérience pour déceler chez un chien son potentiel, ce n'est pas donné à tout le monde. Comme certains défauts ne sont pas décelables chez un chiot, mieux vaut s'orienter vers un sujet plus âgé (à partir de six mois) pour mettre toutes les chances de son côté.

On se lance !

Nombreux sont ceux qui ont attrapé le virus des expositions canines mais avant d'être contaminé à votre tour, mieux vaut savoir ce qui vous attend. L'idéal est donc comme nous l'avons déjà dit de fréquenter quelques expos pour en comprendre le déroulement, de renseigner et… se faire conseiller par son éleveur, c'est la meilleure chose, à moins que vous ayez un ami de la partie. Choisir une exposition de petite taille (exposition nationale) est bien pour un début.

Le monde des expositions n'est pas toujours très tendre. Il faut se blinder, savoir accepter avec fair-play la décision des juges (la sportivité doit être l'une des qualités premières de l'exposant), ne pas tordre le nez lorsque parce que ce n'est pas vous qui gagnez, même si vous êtes persuadé que « votre chien était beaucoup plus beau », ne pas être sensible (on a parfois les oreilles qui sifflent !), être prêt à faire des sacrifices sur votre emploi du temps (sacrifier des week-ends) et sur votre budget (inscriptions, déplacements, nuits d'hôtel, frais de restauration…).

Exposition de A à Z

On ne chôme pas lorsque l'on participe à une exposition canine. Il faut en effet ne pas être en retard le matin. Les concurrents arrivent en général vers 8 h 00 alors que les jugements doivent débuter environ une heure après ; il n'est

S'inscrire, c'est facile

Pour pouvoir participer à une exposition canine, il faut auparavant s'inscrire à l'aide de la feuille d'engagement. Vous trouverez dans la presse spécialisée, notamment, les dates et lieux des expositions avec les dates limites de clôture pour y inscrire son chien. Désormais, il existe également des sites Internet où il est possible de s'inscrire directement en ligne. Il ne faut pas attendre la dernière minute. Il y existe parfois des délais supplémentaires qui sont accordés moyennant une majoration de prix. Vous recevrez avant la date fatidique la carte d'exposant. Gardez-la précieusement avec les papiers du chien, sans quoi vous ne pourriez pas entrer.

pas rare qu'il y ait une grande file d'attente ou de grosses difficultés à stationner sur le parking dévolu aux exposants.

Il ne faut oublier aucun document sous peine, même si vous avez acquitté votre inscription (voir encadré), de ne pas pouvoir rentrer : carte de tatouage, certificat de vaccination (des vétérinaires contrôles ces documents), carte d'inscription à l'exposition. Vous aurez bien entendu eu soin la veille de préparer tout le matériel nécessaire : gamelle, bouteille d'eau, panier ou couverture de votre « champion » que vous pourrez placer dans sa cage, et quelques munitions pour passer la journée (sandwiches, boisson, thermos de café, magazines) qui va être longue. Pour celles qui se tiennent sous des halls, il faut ajouter au stress que peut procurer une telle journée (pour le chien et son propriétaire ou producteur), le bruit, le froid ou la chaleur. Dans certaines expositions, il est interdit de quitter l'espace avant 17 h 00. Il faut penser en effet au public qui paie une entrée pour venir admirer des chiens, et non des cages vides !

À LA CAGE

Une fois passé le contrôle, on vous remettra un catalogue dans lequel figurera le numéro d'inscription de votre chien (et celui de vos concurrents !), qui est aussi celui de votre cage que vous devez regagner (il existe des expositions sans cages pour chiens). Ce n'est pas toujours facile à trouver. Pour exemple, rien que pour le Paris Dog Show de 2004 à Vincennes, quelque 120 bouledogues français étaient inscrits. Pensez à épingler sur votre vêtement le petit carton que l'on vous aura remis au contrôle, car il permettra au juge de vous identifier lors de votre passage sur le ring de jugement. Profitez du temps que vous avez devant vous (arrivé à 9 h 00, il se peut que vous ne passiez qu'à 12 h 00) pour aller repérer l'endroit où se trouve votre ring de jugement, car il n'est pas systématiquement placé à côté de votre cage.

Votre chien ne devra pas quitter sa cage, sauf pour aller rejoindre le ring pour lequel il n'y a pas vraiment d'heure de passage définie. Vous pourrez tout de même envisager de permettre à votre chien de se dégourdir un peu les pattes, de faire ses besoins s'il en a envie et pourquoi pas, dans un coin un peu tranquille, lui faire répéter quelques allures. Avec l'échéance qui approche vous pouvez aussi penser à la toilette de votre boule, qui comparé à d'autres races n'est vraiment pas contraignante (brossage, lustrage du poil, une pointe de vaseline sur la truffe…). Il n'est pas rare que l'on prenne votre chien en photo, c'est plutôt flatteur dans ces cas-là ! Après tout, la star du jour, c'est lui.

LE JUGEMENT PREMIER

Parfois, un commissaire de ring appelle les concurrents, mais ce n'est pas une règle générale. Soyez attentif et présentez-vous dès que le jugement de votre classe est lancé : les concurrents entrent en ordre groupé, en fonction des numéros des chiens sur le ring où officient un juge et son secrétaire de ring, et parfois assisté d'un assesseur ou d'un commissaire. Les exposants sont face à eux, en ligne et c'est là que tout com-

mence. Il ne faut pas oublier, à chaque instant, même si le juge n'a pas la tête tournée vers vous, ou plutôt votre chien, que ce dernier se tienne toujours de façon impeccable. La laisse est levée. Celle d'exposition n'a rien à voir avec une laisse traditionnelle ; elle est fine et ne fait qu'une en ce sens où elle fait à la fois office de laisse et de collier. Le chien est présenté en position statique. Il doit être bien positionné.

C'est là que l'on se rend compte que présenter un chien demande que ce dernier soit assez obéissant. Il faut aussi se méfier de ces congénères concurrents afin qu'une bagarre n'éclate pas. Pour cela, gardez des distances raisonnables. Transformer le ring de jugement en ring de combat serait assez, même très, mal vu !

 **EN MARCHE**

Il va alors falloir faire marcher le chien en compagnie des autres. Le chien doit toujours être à la gauche du présentateur et ce dernier ne doit jamais se retrouver interposé entre le juge et le chien. Essayez, vous verrez que ce n'est pas évident du premier coup ! Le juge donnera l'ordre d'arrêter, de reprendre la place en ligne initiale, et procédera ensuite à l'examen individuel des

 TENUE DE SOIRÉE

À une époque, on voyait de tout parmi les exposants : des très apprêtés, pire que le jour du baptême du petit dernier… jusqu'au short, paire de tongs et bob Ricard. Le survêtement n'était pas non plus pour sa part exclu du lot. Ce temps-là semble avoir changé et c'est tant mieux. Avec la mise en place de concours pour jeunes handlers, où des enfants passent sur le ring d'honneur présenter des chiens comme le ferait un pro, on insiste d'ailleurs souvent sur le fait que la tenue du présentateur doit être correcte. C'est la moindre des choses face aux juges et au public.

Classe	Catégorie	Récompense
Puppys	De 6 à 9 mois.	Appréciation sans classement.
Jeunes	De 9 à 18 mois.	Qualificatif + classement.
Intermédiaires	De 15 à 24 mois (classe facultative).	Qualificatif + classement. En concurrence pour le CACS – CACIB.
Ouverte	À partir de 15 mois (expositions internationales), ou à partir de 12 mois (expositions nationales).	Qualificatif + classement. En concurrence pour le CACS – CACIB.
Champions	Titre de champion homologué.	Qualificatif + classement. En concurrence pour le CACIB.

chiens. Pensez toujours à faire en sorte que votre chien se positionne bien. Au pire, usez d'une friandise. Les éleveurs en ont parfois dans les poches et les chiens le savent bien. Ils portent leurs doigts à la bouche et le chien lève systématiquement la tête et s'immobilise. Les chiens seront donc examinés un à un sur une table. Le juge devra pouvoir regarder la bouche (dents),

Vétéran	Chiens âgés de plus de 7 ans
Paire	Deux mâles ou deux femelles issus du même élevage, mais pouvant appartenir à des propriétaires différents.
Couple	Un mâle et une femelle issus du même élevage, mais pouvant appartenir à des propriétaires différents.
Lot d'élevage	Trois chiens et plus issus du même élevage, mais pouvant appartenir à des propriétaires différents.

toucher s'il s'agit d'un mâle si les deux testicules sont bien là… autant dire une fois de plus que votre compagnon devra être de bonne composition. Pas question de se montrer belliqueux envers Monsieur le juge ! Ni, à l'inverse, d'être prostré et peureux, ce ne serait pas bon pour sa note, de toute évidence. Il serait même exclu du ring, en tout cas s'il se montrait agressif.

Après l'examen pour vérifier que votre boule correspond au standard établi pour la race, le juge vous demandera de marcher. Différentes figures existent, mais parfois les rings de jugements sont de petite taille, et on n'a guère l'occasion de faire de folies ! Vous devez à cette étape pratiquement regarder autant le chien que le juge, car celui-ci peut vous demander quelque chose à n'importe quel moment. Il va pouvoir non seulement apprécier comment le chien marche, mais aussi le voir sous toutes les coutures.

Verdict !

Lorsque tous les concurrents seront passés, il est possible que le juge demande à l'ensemble de refaire un tour de ring. Peut-être a-t-il encore quelques hésitations. Alors, comme toujours, on veille sur l'état de présentation de son chien. C'est vraiment jusqu'à la dernière seconde. Il est également possible qu'il redemande individuellement à quelques chiens de se représenter (en marche). Il choisira ensuite les quatre ou cinq chiens qu'il a retenus en remerciant les autres participants. Il est possible qu'il les fasse « tourner » une fois de plus, puis il donnera son classement (voir encadré sur les titres) Quel que soit le verdict, vous devez faire preuve de fair-play. Si vous perdez ou si vous n'avez pas la meilleure place, il faut vous dire que ce sera pour une autre fois. En tout cas, tout commentaire désagréable est à éviter. Féliciter le vainqueur est une chose qui se fait. Féliciter son chien aussi, même s'il n'est pas le gagnant. Un boule qui ne prend pas plaisir à fréquenter les expos et à être de ce fait un poil cabotin n'a pas vraiment d'avenir dans ce circuit.

On vous remettra enfin votre « slip » : c'est ainsi que l'on nomme le papier sur lequel sont reportés les commentaires du juge. Cela pourra vous aider à comprendre votre classement. Il est aussi parfois possible, pour améliorer votre prestation, d'aller s'entretenir quelques minutes avec le juge. Tout dépend des jours… et des juges !

🐾 À L'HONNEUR

A l'issu des jugements des différentes classes, le premier chien et la première chienne de la classe ouverte et de la classe champion seront de nouveau en compétition afin de désigner le Meilleur de race. Ce chien pourra concourir pour le titre de meilleur de groupe aux côtés de ses congénères issus du groupe 9 qui sont comme lui sortis du lot lors de cette exposition. Les dix meilleurs de groupe concourront enfin à l'issue de l'exposition pour le titre de Best in Show, après qu'auront été désignés les meilleurs jeunes, les meilleurs lots d'élevage, paire, et couple. C'est un grand moment pour l'exposant et pour son chien, mais aussi un joli show parfois pour le public qui ne voit que cette face cachée de l'iceberg. En tout cas, si vous en arrivez-là, chapeau et autant dire que vous et votre champion serez certainement sur les genoux. Attention, ça recommence la semaine suivante peut-être !

LES ACTIVITÉS du BOULEDOGUE FRANÇAIS

Que l'on choisisse un bouledogue français pour « faire » de la beauté ou bien simplement en tant que chien de compagnie, plusieurs activités sont possibles à envisager avec ce chien dynamique… sans jamais oublier que ce n'est tout de même pas un grand sportif.

🐾 IL A LA COTE

Le club de race du bouledogue français, comme la grande majorité des autres clubs, a mis en place ce que l'on appelle une grille de cotation. Celle-ci a pour but de « vérifier » les qualités d'un chien et celles de ses descendants. Ce peut être utile de s'y intéresser, même en vue de l'acquisition d'un chien destiné à la compagnie car elle donne une certaine idée de sa valeur qui est reportée soit sur le pedigree, soit sur le certificat d'inscription provisoire au LOF. Sur la liste des chiots disponibles que peut fournir à la demande la SCC, apparaît également la cotation des deux parents. Il est alors possible pour l'acquéreur de faire une comparaison entre les différentes portées disponibles.

Le club a donc établi cette grille de cotation sur une échelle de points allant de 1 à 6 :

1 point : confirmation simple à partir de 12 mois révolus.

2 points : sujet confirmé ayant obtenu un Excellent ou un Très Bon en classe ouverte, en exposition Spéciale de race et qui a passé avec réussite ses Tests de sociabilité.

3 points (Excellent) : sujet déjà confirmé 1er choix obtenant un Excellent en Classe Ouverte, en exposition Nationale d'élevage.

4 points (sujet recommandé) : sujet déjà coté 3 points Excellent obtenant : soit 4 CACS dont au moins 2 en Exposition internationale où le CACIB est décerné, soit 2 CACIB ou RCACIB dont 1 au moins en exposition Spéciale de race.

5 points (reproducteur Élite B) : sujet déjà coté 3 points Excellent dont 5 descendants directs issus d'au moins 2 partenaires différents présentés dans une même Exposition Nationale d'Élevage auront obtenu le qualificatif Excellent en Classe Ouverte ou Champion. La présence du **géniteur n'est pas exigée.**

6 points (reproducteur Élite A) : sujet déjà coté 4 points. Recommandé dont 5 descendants directs issus d'au moins deux partenaires différents présentés dans une même exposition Nationale d'élevage auront obtenu le qualificatif Excellent en Classe Ouverte ou Champion. La présence du géniteur n'est pas exigée.

Le club précise qu'un chien confirmé à titre initial (ou ayant certains de ses ascendants confirmés dans les mêmes conditions), ne peut prétendre à une cotation supérieure à la cotation 2, quelles que soient ses qualités, ce qui résulte d'une décision du comité du club du bouledogue français en date du 21 septembre 1998 où il a été décidé que « pour accéder aux cotations supérieures à 2, le pedigree ne doit pas comporter plus de 2 cases vides ». À noter également que de la cotation 1 à 3, celles-ci sont enregistrées

automatiquement ; pour les suivantes, il convient d'en faire la demande auprès du club de race en faisant parvenir tous les documents justificatifs.

À une époque où il est fortement question de supprimer l'examen de confirmation, il ne fait aucun doute que le système de cotation des clubs prend le relais pour mettre en avant les qualités dont fait preuve tel ou tel sujet et de leurs portées.

❧ T'AS TON TAN ?

Le bouledogue français peut passer son TAN (Test d'aptitudes naturelles), dans le cadre de diverses manifestations organisées par le club, même si pour sa sélection, aucune épreuve de travail n'est dévolue à la race. Ce test qui se compose de quatre épreuves permet d'évaluer le caractère du chien, sa sociabilité, et son obéissance. Il est fortement question que le TAN jugé dépassé par le club de race, soit remplacé par le Certificat d'aptitude à l'éducation sociale du chien, qui permettrait de valider l'aptitude d'un propriétaire de sa capacité à bien socialiser et éduquer son chien « pour une bonne harmonie dans la vie de tous les jours et à participer à l'intégration de son compagnon dans la société ». Autre temps, autres mœurs. Il est vrai que le monde évolue et que l'on parle de plus en plus,

oubliez le bouledogue français et choisissez une autre race. Non pas qu'il soit lymphatique et qu'il n'ait pas besoin d'exercice régulier, non pas qu'il ne soit pas capable d'assurer une longue marche, non pas qu'il ne joue jamais (c'est bien le contraire pour tout cela et c'est d'autant plus facile lorsqu'il est « entraîné » régulièrement), mais compte tenu de sa face aplatie, il éprouverait certaines difficultés dans certaines circonstances.

Il est possible d'envisager une discipline canine avec lui, comme l'agility, mais il faut alors le faire que si le chien y prend du plaisir et, surtout, en respectant son rythme. Certains sujets font des merveilles sur les terrains d'agility et c'est toujours un bonheur de voir un boule « débouler » entre les obstacles, mais les maîtres connaissent les limites de leur compagnon et ne les poussent jamais à l'extrême. Toujours est-il que l'agility est une discipline très ludique (on peut viser la compétition et les titres homologués, mais ce n'est pas une obligation) qui offre beaucoup de plaisir au chien et à son maître et qui ne fait que resserrer les liens qui les unissent. Néanmoins, notre boule est tellement attaché, que l'on peut dire qu'il n'a pas besoin de ça pour adorer par-dessus tout son propriétaire !

À noter que l'on peut à la limite envisager l'obéissance (discipline appelée également obédience) avec son bouledogue, mais que cette discipline n'est pas ce qui leur convient vraiment le mieux.

notamment depuis la mise en place de la loi de janvier 1999, de l'intégration des chiens dans le tissu urbain et rural. C'est ainsi qu'a été créé il y a peu l'École du chiot, qui reçoit les chiens à partir de l'âge de 2 mois et qui s'attache à éduquer (le bouledogue français n'a besoin d'aucun dressage) les chiens et leurs maîtres. L'un ne va pas souvent sans l'autre.

🐾 Agility, obéissance, etc.

Si vous cherchez un chien qui vous accompagne dans votre jogging du dimanche ou avec lequel vous souhaitez faire de grandes randonnées…

Comme une pierre au fond de l'eau ?

Le bouledogue français aime l'eau, et il prend plaisir généralement à y entrer et à s'y prélasser. Même si certains bouledogues nagent de façon correcte, après quelques brasses, la tête à tendance à s'enfoncer dans l'eau ; cela est dû à son poids, et le rend donc inapte à la nage.

POUR ALLER PLUS LOIN

TROUVER LE BON ÉLEVEUR

Comme nous n'avons eu cesse de le répéter tout au long de ce livre, le choix d'un chiot bouledogue français ne s'opère pas à la légère. Trouver le chiot de ses rêves, c'est d'abord trouver le bon éleveur.

❧ On n'a rien sans rien

Trouver le bon chiot revient à trouver le bon élevage. Cela est possible à condition de s'en donner la peine. On n'achète pas un petit être vivant avec lequel on va partager en moyenne une quinzaine d'années sur un coup de tête. Ce n'est pas un paquet de lessive ! Après s'être convenablement renseigné sur la race afin d'être sûr qu'elle correspond bien à ce que l'on recherche et qu'elle répondra à nos attentes (chez le bouledogue français cela se résume à la compagnie ou aux expositions de beauté), il faut se mettre à la recherche de l'éleveur. La presse spécialisée propose régulièrement des petites annonces passées par des éleveurs professionnels ou des amateurs passionnés. Ces derniers doivent indiquer si les chiots à vendre sont

inscrits ou non au LOF (Livre des origines français) ou bien s'ils sont de type ou de genre. Un décret doit venir renforcer la loi de janvier 1999. Vous en avez certainement entendu parler comme étant la loi sur les chiens dits dangereux. Mais les chiens dangereux ne concernent qu'un volet de cette loi dont le but est aussi une certaine moralisation du marché. Un autre décret sur la commercialisation des animaux domestiques doit venir renforcer la loi de janvier 1999, toujours pour une meilleure information des futurs maîtres. Ainsi, il est prévu certaines normes pour les locaux d'élevage. Ce décret insiste une fois de plus sur la dénomination du chien afin que le futur maître sache clairement s'il a affaire à un chien de pure race ou bien à un chien sans papier. En 2003, 175 667 chiens ont été inscrits au LOF, un chiffre record. Pour autant, combien y a-t-il de naissances de chiots sans papier ? C'est une nébuleuse. C'est le chiot LOF qu'il faut privilégier : il est garant d'une certaine qualité comparativement aux chiens que l'on peut trouver en animalerie ou ailleurs. Ce décret tendra aussi à « protéger » davantage les éleveurs sérieux et les amateurs passionnés afin de les différencier des margoulins, qui comme dans tous autres secteurs sont légion dans le monde du chien.

Normalement, les éleveurs sont obligés d'indiquer leur numéro de Siret ou bien, s'ils n'en disposent pas, du numéro de tatouage de la mère des chiots. Cela est obligatoire quel que soit le support sur lequel les annonces sont diffusées : presse, mais aussi Internet, voire les annonces que l'on trouve scotchées parfois chez les commerçants du quartier. Vous pourrez également aller à la rencontre des éleveurs dans le cadre des expositions canines. C'est une bonne occasion de prendre un premier contact.

Sachez que la loi interdit la vente d'un chien avant l'âge de huit semaines. Il faut même parfois compter deux mois et demi trois mois avant de repartir avec le chiot. Quelquefois, il faudra aussi attendre la prochaine portée, réserver… autant dire qu'il ne faut pas être pressé et l'on ne va pas chez un éleveur avec l'idée de repartir le jour même avec le chiot. Top là, c'est vendu ! : ce n'est pas comme ça que se passe. Comme le prix d'un bouledogue français est assez élevé, force est de reconnaître que cela doit amener davantage les futurs propriétaires à réfléchir, à comparer, etc.

Une question de confiance

Le bon éleveur ne vend pas toujours au premier venu. Attaché à sa production, il aime savoir à qui il a affaire. Vous remarquerez peut-être qu'au téléphone, les éleveurs ne sont pas toujours très aimables ! Ils ont l'air parfois même pressés. Il faut dire que certains reçoivent des multitudes de coups de fils chaque jour, parfois même des demandes de renseignements pour un chiot acheté ailleurs que dans leur élevage ! On peut donc comprendre que de premier abord ils soient parfois un peu froids.

Il ne suffit pas de se contenter des éleveurs qui se trouvent le plus près de chez soit. Il faut souvent faire de nombreux kilomètres pour trouver la perle rare. Prendre un rendez-vous est nécessaire. Une fois sur place, vous pourrez demander à voir les chiots, tout en respectant les consignes d'usage afin d'éviter de leur transmettre des maladies. Vous pourrez aussi demander à voir les parents. Il est possible que le mâle ne soit pas sur place, car toutes les saillies ne s'effectuent pas nécessairement avec l'étalon maison. En tout cas, cette première visite vous permettra de vous faire une petite idée sur la façon dont est tenu l'élevage. En cas de mauvaise impression, il ne faut pas insister. C'est bien entendu une transaction financière que d'acquérir un chiot, mais avant tout, un climat de confiance doit s'instaurer entre vous et l'éleveur.

POUR ALLER PLUS LOIN

Lequel choisir ?

Si vous vous y prenez à l'avance, vous aurez certainement la possibilité de réserver un chiot dans une portée, une fois que vous aurez trouvé l'éleveur qui vous convient. On a coutume d'entendre qu'il ne faut pas choisir un chiot qui se montre craintif. Celui qui vient vers vous spontanément fait par ailleurs dire à beaucoup : « C'est lui qui m'a choisi ! ». On peut continuer à laisser croire ça, après tout. En fait, il faut tout de même un laps de temps pour que le chiot vienne vers un inconnu ; certains observent et mettent plus de temps que d'autres. Mais quand ils décident de bouger, ils sont bien présents ! Il est possible de pratiquer les tests de Campbell afin de tester la sociabilité du chien. Mais il serait mal vu certainement chez un éleveur de lui aplatir de force un chiot sur son carrelage juste pour voir si ce dernier se soumet à la volonté de l'homme ! Dans tous les cas, laissez parler votre cœur. Dans le cas du bouledogue français, vous avez certainement déjà une idée du sexe, de la couleur de la robe… le hasard des rencontres fera ensuite le reste.

L'ÉLEVAGE du BOULEDOGUE FRANÇAIS

L'élevage est un métier parfois difficile qui ne peut dans tous les cas qu'être motivé par la passion. Un qui requiert de solides connaissances, et qui répond à une réglementation. Le simple fait de faire reproduire son bouledogue français ne suffit pas à devenir éleveur. D'autant que la race n'est pas réputée pour la facilité de ses mises bas.

Un métier, une passion

Il ne suffit pas de faire faire des petits à une ou de deux chiennes pour croire que l'on va gagner facilement de l'argent. Être éleveur, ce n'est pas cela, et la réalité du terrain en est bien loin. Aimer les chiens ne suffit pas non plus pour penser pouvoir se proclamer éleveur du jour au lendemain.

Cette profession est encadrée, de plus en plus réglementée et elle nécessite d'avoir des connaissances en cynophilie, en comportement canin, mais aussi en gestion, en comptabilité. C'est à la tête d'une véritable entreprise – de plus ou moins grande taille – que se trouve l'éleveur professionnel. Le travail qu'il doit fournir chaque jour de la semaine est accaparant. Il faut s'occuper des chiens, nettoyer les boxes le cas échéant, répondre à de nombreux appels, assurer les prises de rendez-vous avec les futurs maîtres mais aussi avec certains fournisseurs (vétérinaires, distributeurs d'aliment...). La notion des 35 heures est difficilement envisageable lorsque l'on décide de faire avec sérieux ce métier. Il faut ajouter à cela les déplacements en exposition qui accaparent des week-ends entiers. Il faut assurer la promotion de son affixe en passant des petites annonces, en tenant à jour son site Internet, etc.

Il y a plusieurs types d'éleveurs. Il y a ceux qui ne font que cela et d'autres, que l'on peut appeler les amateurs passionnés, qui font s'adonnent à cette passion en plus d'un travail extérieur, car au risque d'en décevoir certains on ne vit pas toujours bien du seul élevage de chiens. Si cela permettait d'avoir un grand train de vie, ça se saurait !

La production de chiots est une forme de commerce, une exploitation en fait, qui relève

du domaine. Même si vous vous lancez de façon ponctuelle dans cette activité, vous devrez déclarer les revenus que vous tirez de cette activité, en choisissant entre un régime d'imposition forfaitaire ou bien au réel (ce qui semble le plus simple). Vous devrez tenir une comptabilité précise. Cette profession est réglementée et des textes de loi stipulent à partir de quel moment vous êtes considéré comme éleveur professionnel.

Le décret à venir sur la commercialisation et le bien-être des animaux domestiques est clair à ce sujet : « Est réputé exercer une activité d'élevage de chiens ou de chats toute personne physique ou morale hébergeant une ou plusieurs femelles et donnant lieu à la vente de plus d'une portée de chiots ou de chatons au cours d'une même année civile. » (à l'heure où nous mettons ce livre sous presses des modifications pourront être apportées au contenu, à la rédaction de ce décret qui n'est pas encore en vigueur). Il était en effet facile de vendre de temps en temps des chiots et d'échapper à toute forme d'imposition et d'être soumis aux contraintes auxquelles sont obligés de se plier les éleveurs. Le « un poids deux mesures » a tendance à vouloir s'équilibrer.

TROUVER SON AFFIXE ET SE PLIER AUX RÈGLES

Vous y aurez certainement pensé avant de vous être installé ! Il faut bien évidemment se trouver un nom d'affixe, votre marque. Votre production portera cette particule toute sa vie. En matière d'affixe, on voit de tout, des compliqués, des simples, des drôles, des douteux. La demande d'affixe se fait auprès de la SCC qui transmet par la suite le dossier à la FCI. Il est possible de proposer plusieurs noms d'affixe, ce qui évite de recommencer toute la procédure en cas de refus dans le cas où par exemple vous auriez choisi un nom déjà en circuit. Pour être autorisé à utiliser un affixe reconnu par la SCC, vous devez vous engager sur un certain nombre de points, notamment :
– ne produire et n'élever que des chiens inscrits au LOF ;
– accepter de faire contrôler tous vos chiens par les services de la SCC ;
– effectuer les déclarations de saillies dans un délai de quatre semaines ;
– effectuer la déclaration de naissance dans un délai de deux semaines.
Pour obtenir le titre d'élevage recommandé par la SCC (placé sous la responsabilité du club de race concerné), vous devez :

– être inscrit au club de race ;
– respecter les consignes d'élevage données par le club et les règlements généraux de la cynophilie française ;
– être un producteur régulier depuis au moins trois ans ;
– inscrire toute votre production au LOF
– qu'au moins la moitié des reproductrices soit cotées 2 selon la grille de sélection de la SCC ;
– n'utiliser que des étalons au moins cotés 2 ;
– vous engager à remplacer ou à rembourser les chiots non confirmés ou atteints de vice rédhibitoire si l'acheteur en fait la demande dans les délais autorisés par la loi ;
– ne pas avoir fait l'objet de réclamations ou de plaintes fondées quant à la tenue de l'élevage et à l'état physique et physiologique des chiens vendus.
– avoir obtenu au moins le qualificatif Très bon en exposition sur le tiers des chiots produits.
– à noter qu'en France, il n'existe qu'un seul élevage recommandé pour le bouledogue français, l'élevage du Landouar (Françoise et Jean-Pierre Girard).

🐾 Une profession réglementée

Du point de vue de son installation, un élevage doit là aussi répondre à des normes bien précises et le nouveau décret sur la commercialisation des animaux domestiques va encore bouleverser quelque peu la donne. Il précise que « les lieux où sont détenus les chiens ou les chats en vue de leur reproduction, sont réputés constitués des lieux d'élevage et les locaux, bâtiments ou installations utilisées, constituent alors un établissement d'élevage ». En outre, « le personnel doit être en nombre suffisant et posséder la compétence nécessaire pour assurer le bon fonctionnement de l'établissement afin de garantir le bon état de santé et d'entretien des animaux. [...] Des locaux consacrés ou aménagés servant d'infirmerie pour assurer l'isolement individuel et les soins médicaux des animaux blessés ou malades [...] des installations utilisées pour assurer le stockage sécurisé des médicaments et autres produits pharmaceutiques dans des conditions de conservation adaptées » devront être réalisés. En ce qui concerne les chiens, le décret précise que des locaux devront également être aménagés spécialement pour la mise bas, l'entretien des portées et l'hébergement des animaux sevrés. Le bouledogue français, comme nous l'avons déjà dit, n'est pas un chien qui s'élève en chenil. Comme lui, d'autres races connaissent un élevage que l'on pourrait qualifier de « familial ». Ce texte a cependant prévu que « dans le cas particulier de l'élevage des chiens ou des chats de race et dans la limite de la naissance de 2 portées de chiots ou de 4 portées de chatons au cours de l'année civile », il sera possible d'intégrer l'élevage au sein d'une habitation, « à condition qu'au moins une pièce aménagée dans cette habitation permette aux chiots et chatons élevés de bénéficier de toutes les garanties de santé, de bien-être et de socialisation qui leur sont nécessaires. » L'habitation ne pourra pas compter plus de cinq chiens ou neuf chats sevrés. L'éleveur devra par ailleurs s'engager à laisser accéder les services de contrôle aux locaux ou pièces dévolus à l'élevage. Le décret prévoit entre autres que lors d'une vente par petite annonce, celle-ci stipule clairement la mention « particulier » si le vendeur n'est pas un éleveur professionnel.

🐾 Des installations classées

Des textes existaient déjà, définissant des règles d'installation. De dix à quarante-neuf chiens, il faut formuler une demande d'installation classée auprès de la préfecture du département avant de se lancer dans cette activité. Selon les départements, par exemple, les enclos où se trouvent les chiens (d'une hauteur de deux mètres pour éviter le contact avec le public) doivent être à une certaine distance des habitations voisines et de celles recevant du public (de 100 à 250 mètres). Les matériaux utilisés sont également « listés » : revêtement imperméable au sol, légèrement en

pente pour assurer l'écoulement des eaux sales. Le nettoyage et la désodorisation doivent être quotidiens afin d'éviter les odeurs ; l'eau potable doit être sous pression... Les conditions d'élimination des déchets sont draconiennes. Au-delà de cinquante chiens, il faut demander une autorisation préalable auprès de la mairie.

Avoir son certificat

La loi du 6 janvier 1999 impose désormais aux éleveurs d'avoir leur certificat de capacité, comme pour tous ceux d'ailleurs qui exercent une activité en rapport avec le chien. Les « nouveaux » éleveurs doivent obtenir, pour pouvoir exercer, un BEPA ou un BTA ; les « anciens » peuvent faire valoir leur expérience pour l'obtention des équivalences ou bien passer un stage (la SCC en propose ainsi notamment que les écoles vétérinaires) pour décrocher ce document devenu obligatoire pour faire le métier d'éleveur.

Sélectionnez !

Faire de l'élevage ce n'est pas tout simplement faire faire des petits à une chienne en vue de les vendre. C'est avant tout améliorer sans cesse sa production. Cela passe par le travail de sélection et c'est la raison pour laquelle il est indispensable d'avoir des notions de génétique. On ne croise

pas les chiens n'importe comment et il ne suffit pas non plus d'accoupler un champion avec une championne pour obtenir de très beaux chiots. Cela serait vraiment trop facile !

Les croisements servent donc à améliorer son cheptel, éliminer des défauts aussi parfois. Les gènes, qui sont des particules chimiques présentes au sein des noyaux, déterminent les caractéristiques héréditaires de chaque individu. Ils s'inscrivent dans les chromosomes formés de deux jeux semblables morphologiquement et qui portent chacun un gène identique. Toutes les cellules comportent des chromosomes à double jeu, à l'exception des cellules sexuelles, qui n'en comportent qu'un.

La fécondation, qui consiste en la fusion des deux demi-cellules mâle et femelle, conduit à la formation d'une cellule normale, à l'origine du corps d'un nouvel être. Avant de passer à la reproduction, il est donc important de connaître les pedigrees des géniteurs. Le phénotype désigne l'apparence extérieure du chien ; si le chien est un bon « typeur », il est alors possible que les chiots hériteront de son apparence. Cela dépend aussi du génotype, qui est le schéma des gènes transmis par les ancêtres du chien. Le pedigree peut donner des indications sur le génotype.

Un chien parfait du point de vue de son standard ne permettra pas d'éliminer nécessairement les défauts présentés par un autre chien. Ce serait trop simple ! Il convient donc dans un premier temps d'éliminer de la reproduction tous les chiens qui présentent une quelconque anomalie. Les belles chiennes sont gardées, car ce sont elles qui permettront de « construire » sa lignée.

Suivant le degré de ressemblance génétique des reproducteurs, il existe diverses méthodes d'accouplement. Il convient tout d'abord de parler de l'inbreeding, que l'on appelle la consanguinité. Le mot est lâché ! Chez le néophyte, c'est un tabou et l'on entend souvent dire que des croisements de ce type donnent naissance à des chiens « tarés » ! Cette méthode peut bien entendu favoriser l'apparition phénotypique de certaines tares récessives dans une lignée, mais en aucun cas donner des chiens dégénérés. Par contre, la consanguinité peut effectivement peut diminuer

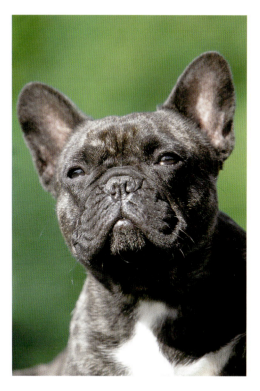

la prolificité et la fertilité, cela a été démontré. Cette méthode peut fixer aussi bien les qualités que les défauts et il faut donc veiller à ce que les géniteurs présentent un minimum de défauts pour un maximum de qualité tant du point de vue morphologie que caractère. Le breeding in and in (ou close breeding) concerne les accouplements entre des sujets parents au premier ou second degré (parents et enfants, frères et sœurs) ; le breeding in (ou inbreeding) concerne les accouplements entre sujets parents au troisième ou quatrième degré (oncle/nièce, cousin germain/cousine germaine) ; le lime breeding (cinq degrés de parenté au moins entre les géniteurs) ; l'interbreeding qui est en fait un brassage de sang entre parents très éloignés, ce qui ne relève pas vraiment de la consanguinité. Le outbreeding désigne pour sa part un accouplement entre sujets non apparentés. À noter enfin parmi les autres méthodes, le line breeding qui est le croisement de lignées plus ou moins proches. Cette

méthode limite les gros échecs mais présente l'inconvénient de faire progresser l'élevage plus lentement. L'out-crossing (retrempe) consiste à marier des lignées totalement étrangères.

❦ Choisir son étalon

Les critères de choix d'un bon étalon portent autant sur le physique que sur le caractère. Un chien peureux ou agressif n'est pas par exemple indiqué. Il est donc parfois nécessaire de parcourir des centaines de kilomètres pour aller trouver cet étalon parfait. Car dans le cadre des saillies, c'est madame qui fait le déplacement ! Il va de soit qu'avant de procéder à une saillie, il faudra vérifier que les deux géniteurs sont bien inscrits à un livre des origines reconnu.

La Fédération cynologique international a par ailleurs réglementé les saillies et a édicté pour se faire toute une série de points à respecter ainsi que quelques conseils. Ainsi, les propriétaires et les éleveurs doivent spécifier par écrit les conditions dans lesquelles ils entendent procéder. Cela permet de mettre à plat différents détails qui ont toute leur importance comme les obligations financières des deux parties et de se mettre alors à l'abri de mauvaise surprise ou malentendu. La femelle doit faire le déplacement. Dans le cas inverse, tous les frais sont à la charge du propriétaire de la chienne : hébergement, nourriture, frais vétérinaires, dégâts éventuels, etc. En cas de décès de la chienne durant le séjour, le propriétaire de l'étalon doit faire constater la cause de la mort par un vétérinaire et en informer le propriétaire dans les meilleurs délais. Si l'étalon est responsable, c'est à son propriétaire de verser les dommages et intérêts qui en résulteront.

Dans le cas d'une saillie réussie, l'étalon est dédommagé. Si elle échoue, le propriétaire de la chienne peut prétendre à une nouvelle saillie gratuite ou bien à un remboursement partiel de l'indemnité de saillie. Le propriétaire de l'étalon s'engage à ne faire saillir la chienne que par l'étalon prévu au départ. Si la saillie ne peut avoir lieu, un autre étalon pourra toutefois être proposé sous réserve de l'accord du propriétaire de la chienne. Par ailleurs, il est interdit de faire saillir une chienne par plusieurs étalons durant les mêmes chaleurs.

Si, par accident, il y a saillie involontaire avec un autre chien que celui prévu, le propriétaire de l'étalon devra rembourser tous les frais occasionnés et ne pourra en aucun cas imposer d'obligations financières. Il est conseillé au propriétaire de l'étalon de ne signer l'attestation de saillie qu'après avoir perçu la somme prévue au départ. Le propriétaire de l'étalon n'a aucun droit sur la portée, sauf s'il a fait auparavant part de sa préférence pour un chiot à la place du dédommagement financier. Si tel est son choix, le chiot ne pourra être vendu, mais sera gardé pour l'élevage. La remise du chiot doit faire l'objet d'une mention spécifique dans le contrat, qui indiquera le moment où le chiot sera choisi par le propriétaire de l'étalon, le moment où il viendra le récupérer, les frais de transport, les accords spéciaux si la chienne reste vide, si elle ne met au monde que des chiots morts ou un seul chiot vivant ou dans le cas où le chiot décède avant sa remise.

Si le propriétaire de l'étalon n'est pas éleveur mais qu'il souhaite faire profiter de la saillie à une tierce personne (éleveur ou non), il devra le spécifier par écrit, déclarer le chiot au LOF et éventuellement au club de race. La déclaration de portée devra être jointe à cet accord.

Une attestation de saillie devra être rédigée. Elle comporte : le nom et le numéro d'inscription au LOF des deux géniteurs, le nom et l'adresse des deux propriétaires, les signatures de deux parties, la date et le lieu. Le certificat de saillie doit être adressé à la SCC par le propriétaire de la chienne dans les quatre semaines suivant la saillie. La SCC fera ensuite parvenir des « bordereaux » de déclaration de naissance qu'il faudra retourner deux semaines au plus tard après la mise bas, ainsi que la demande d'inscription de la portée.

Insémination artificielle

La médecine vétérinaire a fait d'énormes progrès en matière de reproduction canine notamment. Il est donc envisageable d'avoir recours à l'insémination artificielle en sperme frais ou congelé. Les pourcentages de réussite restent identiques à la méthode de dame nature et cela permet notamment d'éviter à l'étalon de contracter des maladies vénériennes, qui sont aussi présentes chez le chien ou tout simplement permet d'éviter de longs déplacements. Une femelle gestante ne doit pas être trop grosse, car un excès de poids pourrait entraîner des difficultés lors de la mise bas.

S'OCCUPER DE LA FUTURE MAMAN

Une fois trouvé le bel étalon, et la saillie effectuée (voir le tableau sur la physiologie de la chienne) il va falloir préparer la mise bas. Car une mise bas réussie est une mise bas à laquelle on aura consacré un peu de temps. Cela est valable pour l'éleveur, bien entendu, mais aussi pour le propriétaire qui souhaite faire faire des petits à sa boule. Mais autant le dire de suite, les mises bas dans la race ne sont pas toujours aisées, c'est pourquoi il est tout de même préférable de laisser cela aux professionnels ou amateurs éclairés. Le recours à la césarienne n'est pas rare compte tenu de la grosseur des chiots bouledogues français et parfois de l'inertie utérine de la mère, c'est-à-dire l'absence de contraction. Il faut aussi savoir qu'une chienne, en général, peut fort bien passer toute sa vie sans avoir de petits, ce n'est pas cela qui risque d'altérer ni son bien-être ni sa santé (voir encadré ci-dessous).

La première des erreurs à ne pas commettre – elle est malheureusement fréquente de la part du néophyte qui a eu le malheur de ne pas se renseigner –, c'est de suralimenter sa chienne sous prétexte qu'elle attend des petits (voir le chapitre sur l'alimentation, également sur la façon de la nourrir après la mise bas). Il

UNE VIE SANS BÉBÉ

Il existe des moyens physiques ou chimiques pour stériliser un chien. Il faut être certain qu'une chienne qui n'a pas de bébés dans sa vie ne s'en portera pas plus mal. Elle ne sera pas frustrée pour autant ! En ce qui concerne la prise de poids des chiens opérés, il ne faut pas dramatiser. L'essentiel est d'ajuster la ration alimentaire afin de ne pas favoriser l'embonpoint et ne pas négliger non plus l'activité.

est possible de faire pratiquer une échographie afin d'obtenir un diagnostic de gestation sans que cela puisse permettre au départ d'avoir une idée précise sur le nombre de fœtus ; pour cela, mieux vaut attendre d'avoir passé le cap des cinquante jours et de réaliser une radiographie. On pourra faire l'acquisition de ce que l'on appelle une caisse de mise bas, qui deviendra par la suite le « nid » des chiots. Il en existe de différentes tailles dans le commerce.

Les signes annonciateurs de la mise bas ne sont pas trompeurs : la chienne cherche à s'isoler et a tendance à vouloir être au calme, elle agit comme si elle faisait son nid. Il est possible qu'un ou deux jours avant elle refuse même de s'alimenter. Il est également possible que ses mamelles sécrètent du lait ou que la vulve se relâche (un à deux jours avant la parturition). La chute de la température rectale (– 1 °C environ) est aussi une bonne indication : elle précède la mise bas de 24 heures, parfois davantage. Il est important d'avoir près de soit le numéro de téléphone du vétérinaire et d'avoir pris soin également de se renseigner à l'avance sur les gardes et les urgences.

Le début du travail, période durant laquelle les contractions utérines commencent et où le col se relâche, varie de 2 à 36 heures, selon l'état physique et psychique de la chienne. Il faudra veiller à la température de la pièce où la chienne mettra bas, car les chiots sont sensibles à l'hypothermie.

Lors de son travail, votre présence est indispensable, ne serait-ce que pour la rassurer ou alors pour l'assister. Il est en effet possible que le chiot se présente par le siège. Il faut garder son sang froid. Si la mère ne parvient pas à l'expulser, il va falloir l'assister en tirant délicatement le chiot par le bas. On aura pris soin d'utiliser un linge propre (l'hygiène lors de la mise bas est importante, c'est en cela qu'elle doit être préparée). Il faut se caler sur les contractions de la chienne et non pas tirer entre deux poussées. Une fois le chiot sorti, il faut le dégager de la poche placentaire et dégager les muqueuses du chiot. Normalement, la mère coupe le cordon (puis mange le placenta). Si elle ne le coupe pas, c'est à vous de le faire en utilisant une paire de ciseaux que vous aurez eu soin de désinfecter auparavant, puis appliquer de la teinture d'iode sur l'ombilic. Le réflexe respiratoire doit intervenir très vite chez le chiot. Il arrive qu'il soit nécessaire de masser le chiot. Le premier petit sera posé près de la mère, sur un linge propre, en attendant l'arrivée des frères et sœurs, ce qui peut demander encore beaucoup de temps, jusqu'à 12 heures après l'aîné ! Une radiographie permet de déterminer le nombre de chiots à venir, c'est une sage précaution à prendre à l'avance. Si la mise bas ne se passe pas bien ou bien en cas de doute, n'hésitez pas à appeler le service des urgences vétérinaires.

Une fois toute la portée arrivée, il faudra bien sûr féliciter la maman, car elle y est très sensible, mais aussi veiller à ce qu'elle soit au calme. Il faudra veiller qu'elle s'occupe bien de ses petits, qui auront dû trouver le chemin des mamelles et téteront le colostrum : c'est le premier lait contenant des anticorps et qui protégera les chiots. Il est malheureusement possible qu'un chiot naisse avec une malformation. Chez le bouledogue français, ce peut être une fente palatine ou un bec de lièvre. Il vaut mieux endormir le chiot, car ce serait le faire souffrir inutilement que de vouloir tenter de prolonger sa vie.

S'occuper des petits

Tout ne s'arrête pas après la mise bas. Cela ne fait même que commencer, et avoir des chiots demande beaucoup de travail et de disponibilité.

Quelques notions de physiologie chez la chienne

Durée des chaleurs : 3 semaines tous les 6 mois.
Pro-œstrus (période avant l'ovulation) : de 4 à 12 jours.
Œstrus (ovulation) : de 4 à 8 jours.
Postœstrus : de 6 à 7 jours. Cette période correspond à l'après-ovulation.
Premiers accouplements : à partir de 18 mois et pendant ou après les troisièmes chaleurs.
Période la plus propice à la saillie : entre le dixième et le quatorzième jour des chaleurs.
Durée de gestation : 9 semaines environ (61-63 jours).

Une femelle peut s'accoupler pendant ses chaleurs, mais le moment optimal reste très variable d'un sujet à l'autre. Il est possible de faire pratiquer des frottis vaginaux par le vétérinaire afin de déterminer la période de l'œstrus. Un dosage de progestérone permet également de déterminer le jour où doit intervenir la saillie. Si le mâle peut pour sa part s'accoupler tout au long de l'année, on évitera tout de même d'accoupler des mâles trop jeunes (avant huit mois) ou trop âgés. La saillie pourra être « naturelle » ou assistée.

Si le chiot n'a pas tété le colostrum, il faudra l'y inciter en soutenant sa tête et en pressant le lait de sa mère dans sa bouche. Vous devrez veiller à ce que tous les chiots s'alimentent correctement et procéder à une pesée pour s'assurer que la prise de poids est correcte. Si la mère n'a pas de lait, il faudra envisager le biberon, qui se donne toutes les trois heures. Il est important de ne pas faire des trous trop importants dans la tétine. L'éleveur pourra essayer de trouver une mère allaitante de substitution qui s'occuperait d'une portée pas trop nombreuse.

La mère devra aussi s'occuper des selles de ses petits. Si ce n'est pas le cas, il faudra s'y substituer en frottant l'anus des bébés à l'aide d'un coton imbibé d'eau chaude. Il faudra veiller à la bonne hygiène en changeant régulièrement la litière.

À trois ou quatre semaines, il sera temps de commencer à sevrer les chiots en leur donnant leurs premières bouillies. Vous pourrez ensuite passer, sans vous précipiter, à des croquettes pour chiots. À l'âge de six semaines, les chiots commencent à devenir autonomes et la mère commence à retrouver de sa liberté. Les chiots

mangeront quatre fois par jour, en prenant soin qu'il n'y en ait pas un dans le lot qui pique la ration à sa fratrie, ce qui peut arriver !

À dix semaines environ, la couleur des yeux deviendra définitive. Quant aux oreilles, pas d'affolement car il est possible qu'elles retombent. Il faut chercher une cause dans l'alimentation, afin d'être de vérifier qu'elle apporte tout ce dont le chiot a besoin et qu'elle soit donc parfaitement équilibrée. Quoi qu'il en soit, il est aussi possible que les oreilles retombent au moment du changement de dentition. Certains éleveurs pour palier le problème des oreilles tombantes ont recours à des tuteurs.

La période dite de socialisation a toute son importance. Les chiots sont manipulés et sont confrontés à des bruits nouveaux. L'éleveur leur parle par ailleurs. Cela permet un bon développement et au futur maître (ce sera aussi à l'éleveur de faire en sorte de s'assurer que le bouledogue français correspond aux attentes du maître) d'avoir affaire le jour de l'acquisition à un chiot bien dans sa tête, même si celui-ci devra poursuivre le « travail ».

GLOSSAIRE

Affixe : nom d'un élevage agréé par le Fédération cynologique internationale (FCI) et déposé au répertoire à la Société centrale canine (SCC).

Brachycéphale : se dit d'une robe striée de bandes verticales (bringeures) ; elles sont moins nettes que des zébrures.

Bréviligne : se dit d'un chien pour lequel les éléments appréciables pour la largeur et l'épaisseur dominent sur les éléments qui permettent de déterminer la longueur.

Chanfrein : c'est une région de la tête du chien, du stop à la truffe. Chez certaines races, le chanfrein est presque absent.

Crête occipitale : la crête occipitale est la base de l'occiput (os qui forme la partie postérieure du crâne), qui correspond à la nuque.

Cryptorchidie : état qui qualifie un animal dont les testicules ne sont pas complètement descendus dans le scrotum. Quand seul l'un des testicules n'est pas descendu, on dit que le mâle est atteint de monorchidie.

Garrot : saillie entre les épaules à partir de laquelle on toise le chien pour prendre ses mensurations.

Molossoïde : dans le langage cynophile, un molossoïde (issu du latin *molossus*, lui-même emprunté au grec *Molossos*, de Molossie, région d'Épire réputée pour ses chiens de chasse et de garde) désigne un type de chiens, comme celui que l'on rencontre chez ceux du groupe 2 avec les chiens de montagne et les dogues. Le bouledogue français est pour sa part un molossoïde de petit format, comme son cousin le boston terrier ou encore le carlin. Par extension, de nos jours dans le langage courant, on a tendance à appeler les chiens de fort gabarit et notamment ceux visées par la loi de janvier 1999 sur les chiens des dangereux, des « molosses ».

Nez remouché : ce terme évoque le nez retroussé que l'on rencontre chez le bouledogue français.

Prognathisme : se dit d'un chien dont l'une des mâchoires dépasse par rapport à l'autre. Quand c'est la mâchoire qui dépasse celle inférieure, on désigne cela par le terme prognathisme supérieur (on emploie également le terme « bégu »). Dans le cas inverse, mâchoire inférieure proéminente par rapport à celle supérieure, on parle de prognathisme inférieur (on dit aussi que le chien est « grignard »). Le prognathisme inférieur est un défaut chez de nombreuses races alors que chez le bouledogue français, cela constitue une particularité qui s'inscrit d'ailleurs dans son standard.

Robe : sert à désigner le poil, le sous-poil, mais aussi la peau et la truffe dont la coloration est fonction de la pigmentation chez certaines races.

Stop : c'est la « cassure du nez », dépression entre le front et le museau, qui peut être absente chez certaines races, comme le bull terrier, par exemple.

Yeux hétérochromes : terme utilisé pour désigner des yeux qui présentent une couleur différente.

ADRESSES UTILES

Club du bouledogue français
Présidente : Mme Élise Waget
Lieu-dit La Basse Chenaie
49150 Fougère
Tél./Fax : 02 41 82 20 21
www.cbf.asso.fr

Société centrale canine (SCC)
155, avenue Jean-Jaurès
93535 Aubervilliers Cedex
Tél. : 01 49 37 54
www.scc.asso.fr

Société I-CAD (Fichier international d'identification des carnivores domestiques)
112-114, avenue Gabriel-Péri
94246 L'Haÿ-les-Roses
Tél. : 0810 778 778
contact@i-cad.fr
www.i-cad.fr

Fédération cynologique internationale (FCI)
14, rue Léopold-II
6530 Thuin
Belgique
Tél. : 071 59 12 38
www.fci.be

Formation « élevage »
Société francophone de cynotechnie (SFC)
Plate-forme agro-rurale 6
6, boulevard du 133e Régiment d'Infanterie
01300 Belley
Tél. : 04 79 81 45 16
secretariat.sfc@gmail.com

INDEX

A
Accidents, 68.
Activités, 112.
Administrer
    du sirop, 64.
    un cachet, 64.
Affixe, 123.
Agility, 115.
Alimentation, 74.
Ankylostomes, 59.
Aoûtats, 62.
Aspect général, 18.

B
Bouche, 72.
Brûlures, 70.

C
Calendrier
    des vaccinations, 56.
Caractère, 18, 34.
Carnet de vaccination, 87.
Centres antipoison, 68.
Certificat
    d'identification, 86.
    de capacité, 126.
    de naissance, 86.
Chenilles
    processionnaires, 70.
Chiot
    Vente d'un –, 84.
Choisir un sujet
    d'exposition, 107.
Classes
    d'engagement, 102.
Club de race, 96.
Colonne vertébrale, 66.
Comportement, 18.
Contrat de vente, 84.
Corps, 19, 24.
Couleur, 20.
    de robe, 26.
Coup de chaleur, 65.
Coupures, 70.

D
Défauts, 21.
    de profil de la tête, 26.
    éliminatoires, 23.
    graves, 21.
Dirofilariose, 64.
Document
    d'information, 87.
Dos
    Ligne du –, 24, 28.
Douche, 73.

E
Échinococcose, 59.
Éducation, 40, 80.
Effets
    de l'hypertype, 63.
Ehrlichiose, 63.
Élevage, 120.
Éleveur, 116.
Engagement
    Classes d'–, 102.
Entorses, 70.
Entretien, 54, 71.
Épillets, 71.
Étalon, 128.
Exposition(s), 107.
    canines, 100.
    Choisir un sujet d'–, 107.

F
Fractures, 68.
Fréquence des repas, 79.

G
Gale, 61.
    démodécique, 61.
    otodectique, 61.
    sarcoptique, 61.
Garanties
    des maladies, 88.
Griffes, 72.
Grille
    de cotation, 112.

H
Hépatozoonose, 63.
Histoire, 8.
Hypertype
    Effets de l'–, 64.

I
Infection du pli
    sous-caudal, 67.
Insémination
    artificielle, 129.
Interdits, 44.
Intoxications, 68.

L
Leishmaniose, 63.
Leptospirose, 57.
Ligne de dos, 24, 28.
Luxation de la rotule, 66.

M
Maladie(s)
    de Carré, 57.
    de Lyme, 63.
    de Rubarth, 57.
    Garanties des –, 89.

infectieuses, 54.
parasitaires, 63.
Prévention des –, 89.
Membres
    antérieurs, 30.
    postérieurs, 31.
Mise bas, 133.
Morsures
    de chien, 70.
    de serpent, 70.

N
Nom
    Choisir un –, 91.
Nuit
    Première –, 45.

O
Obéissance, 115.
Occlusion intestinale, 71.
Ordres de base, 48.
Oreilles, 23, 72.
    Port des –, 27.
Othématomes, 67.

P
Papiers, 82.
Parasites
    externes, 59.
    internes, 58.
Parvovirose, 57.
Passeport, 51.
Pedigree, 86.
Piqûres
    d'insectes, 70.
Piroplasmose, 58, 63.

Plaies, 70.
Pli sous-caudal
    Infection du –, 67.
Poids, 21.
Port des oreilles, 27.
Position de la queue, 29.
Poux, 62.
Prévention des maladies, 88.
Problèmes
    dermatologiques, 68.
    respiratoires, 65.
Profil de tête, 23.
Propreté, 46.
Puce(s), 60.
    électronique, 87.

Q
Queue, 25.
    Position de la –, 29.

R
Rage, 54.
Ration de base, 76.
Région
    crânienne, 18.
    faciale, 18.
Repas
    Fréquence des –, 79.
Robe, 20.
    Couleur de –, 26.
Rotule
    Luxation de la –, 67.

S
Santé, 54.
Socialisation, 47.

Solitude, 47.
Standard, 16.
Sujet d'exposition
    Choisir un –, 107.

T
Taille, 21, 26.
TAN, 96, 114.
Tatouage, 87.
Teigne, 62.
Test d'aptitudes naturelles
    (TAN), 113.
Tête, 18.
    Défauts de profil de la –, 26.
    Profil de –, 23.
Tiques, 60, 103.
Toux de chenil, 58.
Trichures, 59.
Truffe, 72.

V
Vaccinations
    Calendrier des –, 56.
Vente
    Contrat de –, 84.
    d'un chiot, 84.
Vers
    plats, 59.
    ronds, 58.
Voyager avec son bouledogue
    français, 50.

Y
Yeux, 66, 72.

Crédits photographiques

Cogis – DR : 25 ; Français : 9, 12, 13, 18, 19, 21, 29, 31, 32-33, 35, 42-43, 45, 46, 50, 52, 55, 60, 65, 66, 72, 73 d, 83, 91, 93, 96, 97, 101, 108, 111, 114-115, 119, 122, 125, 129 ; Gehlhar : 117 ; Grossemy : 6-7, 15, 34, 58, 67, 100, 104, 105, 113, 120, 126 ; Hermeline : 28, 40, 41, 48, 49, 59, 62, 73 g, 74, 75, 82, 84-85, 87, 88, 92, 94-95, 118, 134-135 ; Labat : 78-79, 124, 127 ; Lanceau : 81 ; Miriski : 10 b, 10 h, 11 b, 11 h ; Monnier : 30, 86 ; Simon : 24, 69, 77, 109, 132 ; Varin : 67 ; Vedie : 4, 17, 20, 22-23, 56, 63, 71, 90, 98-99, 102, 106 ; Vidal : 36 ; Wara : 44. **Fotolia.com** – duranphotography : 140. **Shutterstock.com** – AnetaPics : 53, 130-131 ; dezi : 141 ; N V Guseva : 139 ; P. Kosmider : 80 ; Reddogs : 116 ; tsik : 38-39 ; VKarlov : 136-137.